I AM DOER!

———————————

추천사

오늘날 우리는 그 어느 때보다 주의력이 중요하게 여겨지는 시대에 살고 있습니다. 동시에, 주의력을 유지하기에 역사상 가장 어려운 시대이기도 하죠. 주의력은 '무엇에 집중할지를 선택하는 능력'인데, 지금처럼 선택지가 넘쳐나는 시대는 없었습니다. 그래서인지 진료실에서도 주의력에 어려움을 호소하며 스스로 ADHD를 의심하는 분들을 자주 만나게 됩니다.

이 책은 ADHD를 단순한 질환이나 결핍으로 바라보는 낡은 틀에서 벗어나, 감정과 행동의 작동 방식을 세밀하게 들여다봅니다. ADHD에 대한 흔한 오해와 일상 속 고충을 가볍고도 따뜻한 어조로 풀어내며, 그 혼란을 단지 '문제 행동'으로 치부하지 않고 반복되는 악순환의 패턴을 선순환으로 바꿀 수 있는 실마리를 제시합니다. 더 나아가 감각에 예민하고 추진력이 뛰어난 ADHD 뇌의 강점을 어떻게 살릴 수 있을지에 대한 구체적이고 현실적인 제안들도 담겨 있습니다. 저 역시 이 책을 통해 진료실에서의 새로운 시각과 아이디어를 얻었습니다.

이 책은 단지 ADHD를 겪고 있는 사람만을 위한 책은 아닙니다. 감정에 쉽게 휩쓸리고, 시간 감각이 흐트러지며, 과도한 자극에 지쳐 살아가는 우리 모두의 이야기이기도 합니다. 자기 자신의 집중력과 감정을 잘 이해하고 싶은 모든 이들에게 이 책을 기꺼이 추천합니다.

- 인스타툰 작가 · 정신건강의학과 전문의 캘선생, 유영서

이 책의 저자와 저는 약 10년 전 공중보건의로 함께 지내며 알게 된 친구 사이입니다. 그는 첫 만남부터 큰 키와 당당한 인상으로 눈에 띄었고, 금세 마음을 열게 하는 친근함과 유머 덕분에 누구에게나 사랑받는 사람이었습니다. 그의 관사에는 늘 사람들이 모여 웃음이 끊이지 않았습니다. 지금도 선명히 떠오르는 몇몇 장면이 있습니다. 축구 대회를 앞두고 정작 본인 축구화를 두고 와 절규하던 모습, 휴대폰이나 지갑을 잃어버리고 우왕좌왕하던 모습도 그렇습니다. 그러나 그의 재치 덕분에 그런 일마저 늘 웃음으로 마무리되곤 했습니다. 뒤늦게 알게 된 사실이지만, 그 속에는 ADHD의 특성이 스며 있었습니다.

돌이켜보면 그는 그것을 단점으로 두지 않고 생활을 개선하기 위해 부단히 노력해왔습니다. 그 노력 덕분에 저자의 산만함은 주변을 밝히는 에너지, 그리고 환자를 깊이 공감하는 힘으로 바뀌었습니다. 저는 확신합니다. 자신의 어려움을 경험해본 그는 누구보다 환자를 잘 이해하는 정신과 의사가 될 것이며, 이 책은 그런 저자의 진심이 담긴 결과물입니다.

- **의료인·방송인 김도균**

아 맞다, 나 ADHD 였지?

이런 장면, 익숙하지 않으신가요?

☐ 해야 할 일을 잊고, 물건을 깜빡깜빡 놓고 다닌다.

☐ 아무리 노력해도 집중이 잘되지 않는다.

☐ 열심히 하려 해도 늘 마감이 코앞에 닥쳐야 일을 시작한다.

☐ 작은 실수에도 자신을 지나치게 탓하게 된다.

☐ '나는 왜 이렇게 덜렁댈까?'가 평생의 고민이었다.

☐ 스스로에게 '나 ADHD인가?' 묻게 된다.

이런 모습은 단순히 게으르거나 의지가 부족해서가 아닐 수 있습니다.
당신의 뇌가 남들과는 조금 다르게 세상을 인식하고 반응하기 때문일지도 몰라요.

그 다름은 결함이 아니라, 또 다른 가능성입니다.

스스로를 이해하는 데 오래 걸리더라도 괜찮습니다.
퍼즐 조각을 맞추듯 내 뇌의 특성을 알고 나면, 나만의 리듬과 방식으로 살아가는 길을 만들 수 있을 거예요.

그 여정을 함께 시작해볼까요?

에디터스 레터

저는 줄 이어폰 유저입니다. 유행 때문은 아니고요. 무선 이어폰을 네 개나 잃어버린 끝에 현실을 받아들였어요. 예상하셨겠지만 저는 모든 사물의 분실자입니다. 그거 어디 갔더라? 하고 찾기 시작하면 이미 늦은 상황이죠. 그래서 남몰래 이렇게 생각해왔습니다. '나… ADHD일지도 몰라.'

몇 년째 그 의문을 품고 살던 저. 노현재 선생님과 처음 만난 날, 대뜸 이렇게 여쭤보고 말았습니다. "선생님, 저 자꾸 물건을 잃어버리는데요. 저 ADHD인 걸까요?" 이런 질문을 얼마나 많이 들으셨을까요. 선생님은 이 밑도 끝도 없는 질문에도 질린 기색 없이 말씀해주셨습니다.

"ADHD도 스펙트럼이에요. 시력이 안 좋으면 안경을 쓰잖아요? 생활이 불편할 때 안경을 맞추는 것처럼, ADHD도 일상이 힘들 정도로 주의력 문제를 겪는다면 그에 맞는 치료를 하면 됩니다."
그날의 대화는 제게 ADHD에 대한 새로운 시각을 열어주었습니다. 동시에, 얼마나 많은 사람들이 저처럼 '혹시 나도?'라는 의문을 품고 살까, 하는 생각이 들었어요.

몇 년 사이 ADHD에 대한 관심이 급격히 늘었습니다. SNS에서는 'ADHD의 특징'을 알려주는 릴스가 높은 조회수를 기록하고, 많은 성인들이 뒤늦게 증상을 깨닫고 병원을 찾습니다. 하지만 실질적인 도움을 주는 콘텐츠는 부족합니다. 의학적 정보는 너무 딱딱하고, 개인의 경험담은 일

반화하기 어렵죠.

노현재 선생님과 대화하며, 선생님의 이야기야말로 우리가 필요로 하던 정보라는 확신이 들었습니다. ADHD를 겪는 당사자이면서 동시에 정신건강의학과 전문의인 선생님이 들려주신 조언은, 의학적 전문성과 생생한 체험이 절묘하게 균형을 이루고 있었거든요.

이 책의 강점은 '완벽하지 않음'을 인정하는 솔직함입니다. 저자는 여전히 실수를 반복하고, 때로는 자책에 빠지지만 그러면서도 조금씩 나아가는 과정을 숨김없이 보여줍니다. 이는 ADHD를 '극복해야 할 장애'가 아닌 '함께 살아가야 할 특성'으로 바라보는 시각을 제시합니다.

ADHD 책을 기획하면서 중요하게 생각한 것은 '혼자가 아니라는 것'을 알려주는 것이었습니다. 뒤죽박죽처럼 보이는 모습들이 게으름이나 성격의 문제가 아니라 뇌의 특성 때문임을 알려주고 싶었습니다. 그리고 이런 특성과 함께 살아가는 방법이 있다는 희망을 전하고 싶었습니다. 완벽한 변화는 아닐지라도, 어제보다 조금 더 편안한 오늘을 만들어갈 수 있다는 걸 말이죠.

제 주변에도 ADHD로 고생하는 친구들이 많습니다. 꾸준히 약을 먹는 친구도, ADHD가 맞다고 확신하지만 병원에 가기 꺼려하는 친구도 있어요. 그리고 '혹시 나도?'라는 의문을 품고 있는 친구도 있습니다. 이 책이 그 모든 스펙트럼 위에 있는 사람들에게 도움이 되기를요.

선생님의 말을 빌려볼게요. 우리 모두 저마다의 리듬으로 살아갈 권리가 있습니다. 이 책이 그 리듬을 찾아가는 여정의 든든한 동반자가 되기를 바랍니다.

PROLOGUE

나는 ADHD일까?

저는 진료실에서는 차분한 정신과 의사지만, 진료실 밖에서는 툭하면 지갑을 잃어버리고 무음 상태로 방 안에서 사라진 휴대폰을 찾느라 분주합니다. 게다가 왜 중요한 일정은 코앞에 닥쳐야만 생각이 날까요?

저조차 저 자신이 잘 이해되지 않았습니다. 늘 뭔가를 깜빡하고, 집중은 짧고, 감정은 롤러코스터처럼 오르락내리락합니다. 누가 봐도 ADHD 증상인데, 저는 꽤 오랫동안 그걸 몰랐습니다. 뭘 해도 남들보다 두 배는 힘이 드는 것 같아 쉽게 지치곤 했지만 '그냥 내가 좀 산만한 성격이라서 그렇겠지' 하고 오랜 시간 버텨왔습니다.

제가 저를 진료할 수 있었다면 얼마나 좋았을까요. 중이 제 머리 못 깎는다고, 저도 제 문제에는 한참이나 무심했습니다. 뒤늦게서야 주변 사람들의 도움을 통해 스스로를 찬찬히 들여다보게 되었습니다. 그리고 알게 되었습니다. 제가 ADHD라는 사실을요. 그렇게 저는 정신과 의사로서가 아니라, ADHD를 겪는 사람으로서 이 증상을 다시 배우기 시작했습니다.

이 책은 그 여정의 기록입니다. 정신과 의사이자 ADHD인으로 살아가며 저 자신을 이해해나간 시간들. 그리고 저처럼 머릿속이 늘 엉뚱한 방향으로 분주하게 돌아가는 분들을 진료하며 함께 나눈 이야기들입니다.

진료실에서 마주한 ADHD 분들의 머릿속은 놀라울 만큼 저와 닮아 있었습니다.

"저도 진득하게 뭘 좀 해보고 싶어요."

"메모했다는 사실도 까먹어요."

"좀 계획적으로 하루를 보내보고 싶어요."

이 말 속에 담긴 마음이 단순한 핑계나 회피가 아니라, 정말 변하고 싶다는 간절함이라는 걸 저는 잘 알고 있습니다. 한때는 '나 같은 사람이 어떻게 의사야'라고 자책했지만, 지금은 '나 같은 사람이어서, 같은 고민을 가진 누군가에게 더 가까이 갈 수 있겠구나'라고 생각하게 되었습니다.

이 책을 통해 저처럼 산만한 하루를 살아가는 누군가에게 작은 위로와 도움을 건네드리고 싶었습니다. 그리고 혹시, 당신 역시 그런 사람이라면 말해주고 싶습니다. 당신은 정말 괜찮다고, 잘 살아가고 있다고요.

물론 지금도 저는 종종 뭔가를 깜빡하고, 방전된 휴대폰을 찾느라 아침 시간을 다 써버리기도 합니다. 하지만 이제는 저를 조금 더 이해하게 되었고, 덕분에 다른 사람들도 조금 더 따뜻하게 바라볼 수 있게 되었습니다.

이 책을 읽는 분들도 그랬으면 좋겠습니다. 스스로를 조금 더 이해하고, 자신의 산만함을 다정하게 바라봐줄 수 있기를요.

2025년 10월
노현재 드림

CONTENTS

에디터스 레터   006

PROLOGUE 나는 ADHD일까?   008

CHAPTER 01
나는 왜 항상 어리바리했을까?

어릴 때부터 반복된 실수   019

  "혹시 나도?" ADHD가 궁금한 당신에게   025

어른이 되어 ADHD를 마주하다   030

CHAPTER 02
ADHD를 진단받는다는 것

ADHD는 왜 생기는 걸까?   039

치료를 시작하고 깨달은 'ADHD'라는 이름의 한계   044

  ADHD 미신 vs. 사실   051

치료를 둘러싼 오해와 비판들   054

CHAPTER 03

나만 이렇게 힘든 걸까? ADHD의 속사정

놓치고 미루는 일상: 악순환	067
일상이 되어버린 탈진: 문제 장기화	077
외부의 시선과 갈등: 고립	084

CHAPTER 04

이것도 ADHD 때문이었다고?

ADHD가 이럴 수 있나요?	095
ADHD의 반전	098

CHAPTER 05

ADHD 있는 그대로 받아들이기

억울함에서 이해로	111
자책 대신 해결로	114
마음보다 행동에 주목하기	118
성취는 보상으로	121
비교 대신 나만의 속도로	125
한 걸음씩 나아가는 방법	131

CHAPTER 06

ADHD 뇌의 강점 살리기

ADHD 최대의 적	141
편견을 부수고 앞으로 나아가기	144
변화를 위한 단계별 실험 일지	148
달라서 특별한 ADHD	152

CHAPTER 07

반복되는 문제를 다루는 기술

5분만 책을 펴면 휴대폰과 사랑에 빠져버린다	163
오늘도 또 지각이라니!	168
분명히 들었는데, 또 까먹었네!	174
퇴근길 한 통의 메시지가 불러온 내 안의 폭풍	179
EPILOGUE ADHD로 살아간다는 건	186
먼저 읽어본 ADHD인의 한마디	190
ADHD인을 위한 행동 점검 마인드맵	193

CHAPTER 01
나는 왜 항상 어리바리해였까?

어린 시절, 잔돈을 흘리며 '어리바리'라 불리던 아이가 의사가 되기까지의 이야기입니다. 반복된 실수 끝에 ADHD 진단을 받고 비로소 자신을 이해하게 된 과정을 담담하게 기록했습니다. 정신건강의학과 의사인 제가, 스스로의 ADHD를 깨닫고 받아들이기 시작한 첫 걸음을 함께해주세요.

어릴 때부터 반복된 실수

"어렸을 땐 그렇게 실수도 많고 덤벙대던 네가 의사가 되다니 참 신기하구나."

성인이 된 지금도 어머니는 종종 이렇게 말씀하십니다. 돌이켜보면 어린 시절의 저는 부산하게 뛰어다니는 '사고뭉치' 타입은 아니었지만, 분명 '어리바리 실수 대장'이었습니다. 이런 제 모습은 초등학교 생활기록부에도 번듯이 남아 있는데요. 4학년 담임 선생님은 "정리정돈하는 자세가 필요함"이라고, 6학년 담임 선생님은 "학습에 적극적으로 임하나 준비가 소홀함"이라고 적어두셨더라고요. 이쯤 되면 도대체 나는 왜 이렇게 부주의한지 의아해할 법도 하지만, 당시엔 그저 좀 어리바리한가 보다 하고 대수롭지 않게 넘겼습니다.

 부끄러운 고백입니다만, 어린 시절 저를 가장 곤란하게 한 문제는 다름 아닌 '잔돈'이었습니다. 슈퍼에 가서 우유 한 팩 사오는 별것 아닌 심부름에도 꼭 일이 생기더라고요. 이상하게도 집에 돌아오는 길이면 잔돈이 홀연히 사라지곤 했습니다. 그럴 때마다 어머니와 함께 아파트 단지를 샅샅이 뒤졌고, 제가 걸어온 길 위에 덩그러니 놓인 지폐들을 발견해야 했지요.

 그래서인지 어머니는 저를 '헨젤과 그레텔'에 자주 비유하셨어요. 제가 지나간 곳마다 동전이든, 가방이든, 우산이든 뭔가 하나는 꼭 흔적이 남았으니까요. 뭘 그렇게 흘리고 다니냐며 나무라면서도, 우리 아들이 혹시 길을 잃거나 사라지더라도 찾기는 쉽겠다며 웃으시던 어머니의 표정이 아직도 생생합니다.

 피아노 학원 선생님이 저를 유난히 지켜보시던 기억도 떠오르네요. 당시 저는 체르니 같은 연습곡만 반복해서 연주해야 했는데요, 손은 기계적으로 건반을 누르지만 머리로는 온통 공룡이나 팽이 같은 좋아하는 것들을 상상하며 그 시간을 견디곤 했습니다. 그러다보면 가끔, 아니 자주, 무슨 곡을 치고 있었는지도 잊거나 앉아서 멍만 때릴 때도 있었어요. 선생님은 혀를 끌끌 차셨지만 어쩔 수 없었습니다. 따분한 연습 시간을 견디는 저만의 생존 전략이었거든요.

마음 아픈 기억도 있습니다. 제가 학교에 다니던 때엔 급식 당번이 직접 음식을 나눠주었는데요, 저는 당번만 되면 왜 그렇게 반찬을 자주 쏟고 엎었는지 모르겠습니다. 흘리지 말자, 절대 흘리지 말자 다짐했건만, 반찬은 어김없이 교실 바닥에 떨어졌고, 그럴 때마다 담임 선생님은 회초리를 드셨죠. 저는 속으로만 외칠 뿐이었어요. '아니, 전 진짜 조심했는데요!!!' 지금도 문득 그때 생각이 나는 걸 보면, 최선을 다했는데도 혼났던 게 그렇게나 서럽고 억울했나봅니다.

초등학생 때 쓴 일기장을 펼쳐보면 그 시절 저의 중대한 고민들이 그대로 들어 있습니다. '왜 나는 계단에서 자꾸 헛디뎌서 구르는 걸까?' 같은 고민요. 이처럼 제 유년기는 어딘가 어리숙하고 어딘가 조금 부족해 보였을지도 모릅니다.

그럼에도 불구하고 그런 저를 따뜻하게 바라봐준 분이 있습니다. 바로 어머니입니다. 정신건강의학과 의사가 된 지금에 와서 곰곰이 돌이켜보면, 어머니도 저 못지않게 ADHD 기질이 있었던 것 같아요. 대화 도중 훅훅 다른 이야기로 빠지거나, 이웃에 빌려준 물건을 기억하지 못하셔서 깜박대장인 제가 오히려 어머니께 상기시켜드릴 때도 많았거든요. 성격이 꼼꼼한 누군가가 봤다면 '저 집은 왜 저렇게 허둥대나' 싶었겠지만, 우리 모자는 그런 엉뚱함 덕분에 더 친밀해졌습니다. 아마도 어머니에게 제 ADHD 증상은 문제 행동이라기보다 아들을 더 깊이 이해하는 단서가 되었던 것 같습니다.

어머니에게 저는, 엄마를 꼭 닮은 착한 아들이었습니다. 실수로 문제를 틀리거나 준비물을 빠뜨려서 학교에서 혼나고 돌아오더라도 어머니는 늘 이렇게 말씀하셨죠.

"괜찮아. 많은 걸 바라지 않는단다. 착하기만 하면 돼."

밖에서는 항상 혼이 나던 저에게 이 말은 더없는 위로이자, 내 편이 있다는 안전함 그 자체였습니다. 제가 ADHD로 주눅들지 않고 버틸 수 있었던 건, 전적으로 어머니 덕분인지도 모르겠습니다.

 엄마를 닮아서 덤벙대겠거니 생각하며 가볍게 넘기려 했지만, 어른이 되는 과정에서 점점 문제로 다가오기 시작했습니다. 한곳에 오래 집중하지 못하고, 사소한 물건을 자꾸 잃어버리고, 해야 할 일을 놓치는 상황이 반복되자 더이상 그것을 '귀여운 실수'라고 웃으며 지나칠 수 없게 된 거죠.

 꼼꼼함이 요구되는 의사의 길을 걷게 되면서, 왜 이렇게 덤벙대는지 그 이유를 꼭 알아야만 했습니다. 오랜 시간 끝에 저는 'ADHD'라는 이름의 답을 찾았습니다. 그건 제 인생의 커다란 전환점이었습니다. 마치 오랫동안 찾아 헤매던 퍼즐 조각을 발견해 제자리에 맞춘 기분이었어요.

 지금도 문득문득 '헨젤과 그레텔' 시절이 떠오릅니다. 어머니와 예전 일을 회상할 때도 그렇지만, 요즘의 실수도 우리는 여전히 웃으며 주고받습니다.
 "오늘은 또 바깥에서 뭘 흘리고 다녔어?"
 "아닌데요, 이번엔 일부러 바꾸러 간 거라고요!"

어찌 보면 이 모든 어리바리함까지 품어준 덕분에 제가 ADHD를 이해하고 받아들일 수 있었던 건 아닐까요. 이 책을 읽고 있는 여러분은 어떤 어린 시절을 보내셨나요? 기억에 남는 '어리바리했던 순간'이 있는지 궁금합니다.

예전에는 그저 덤벙거리는 사람이라고만 생각했는데, **ADHD**라는 진단을 받고 나서야 그 이유를 알 수 있었습니다. 그리고 저에게 맞는 방식으로 살아가는 방법도 찾을 수 있었어요. 여러분도 자신을 단순히 '부족한 사람'이라고 생각하기보다는, 좀 더 정확히 이해하려는 노력을 기울여보면 좋겠습니다.

"혹시 나도?" ADHD가 궁금한 당신에게

잔돈을 아무데나 흘리거나, 약속 시간마다 허둥대서 가슴 철렁한 적 있나요? 혹은 SNS에서 ADHD인의 특징을 보고 '이거 완전 내 이야기 잖아?' 하고 놀란 적은요?

실제로 제 진료실을 찾는 분들도 비슷한 경험을 털어놓으며 이렇게 묻곤 합니다. "선생님, 저도 ADHD일까요? 아니면 그냥 덜렁대는 건가요?" 그래서 여러분이 한 번쯤 궁금했을 ADHD 관련 질문을 모아 Q&A 형식으로 정리해보았습니다. 단, 이것만 보고 자가 진단은 금물! 정확한 진단은 반드시 전문가와 상의하세요.

Q1. 어리바리하면 ADHD인가요?

A1. 어리바리하다고 해서 다 ADHD는 아닙니다. 누구나 가끔은 실수를 하니까요. ADHD는 '때때로' 덤벙거리는 것과 달리, 집중력을 유지하기 어렵고 충동적이거나 부산하게 움직이는 등의 특징적 증상이 어렸을 때부터 '지속적으로' 나타나는 경우를 말합니다.

예를 들어, 지갑이나 휴대폰을 한두 번 정도 잃어버린다고 해서 바로 ADHD라고 보긴 어렵지만, 그런 일이 지나치게 자주 반복되고 주변에서도 인식하고 있다면 의심해볼 수 있겠죠.

Q2. ADHD는 직업을 가질 수 없나요?

A2. 전혀 그렇지 않습니다! ADHD 증상이 있어도 훌륭히 직업에 종사하고 사회에서 큰 성취를 이룬 사람은 정말 많습니다. 무엇보다 자신의 특성을 어떻게 관리하고 보완하는지가 중요하죠. 예를 들어, 시간을 잘 지키기 위해 휴대폰 알람을 일정한 간격으로 맞춰두거나, 물건 분실이 잦다면 중요한 물건을 보관하는 장소를 따로 정해두는 식으로 현명한 전략을 세우는 거예요.

ADHD와 직업은 함께할 수 없는 관계가 아니라, 얼마나 잘 조절하고 장점을 살릴 수 있는지가 핵심입니다.

Q3. 선생님과 같은 증상이면 무조건 ADHD인가요?

A3. 이 책을 읽다가 저랑 똑같다고 느낀다 해서 바로 "당신은 ADHD!"라고 할 순 없습니다. 사람이 살다보면 건망증이나 실수가 아예 없을 순 없잖아요? ADHD 판정은 단순한 '자기보고', 즉 본인의 느낌만으로 결정되지 않거든요.

어린 시절부터 현재까지 지속되어온 특성과 그것이 일상생활에 미치는 영향 등 여러 요소를 전문가가 종합적으로 살펴본 후에야 진단이 가능하죠. 그러니 만약 ADHD가 의심된다면 가까운 정신건강의학과에서 상담을 통해 도움을 받아보시길 바랍니다.

Q4. 어린 시절 생활기록부 같은 기록도 ADHD 진단에 도움이 되나요?

A4. 그럼요. 생각보다 도움이 많이 됩니다. ADHD는 어릴 때부터 주의력결핍이나 과잉행동, 충동성이 나타나는 경우가 많은데요, 그런 흔적이 생활기록부나 학창 시절 기록에 남아 있을 수 있습니다.

예를 들어, "수업 준비가 미흡함", "집중력이 떨어짐", "정리정돈이 필요함" 같은 선생님의 평가가 반복된다면 진단할 때 참고할 수 있어요. 물론 생활기록부만 보고 진단하진 않지만, 어릴 적부터 증상이 꾸준히 존재했는지 판단하는 하나의 근거가 됩니다.

Q5. ADHD 증상은 문제 행동인가요?

A5. ADHD 증상 자체가 문제 행동과 동의어는 아닙니다. 나쁜 행동은 더더욱 아니고요. 한곳에 오래 집중하기 어려워하는 모습이나 가만히 있지 못하는 행동들은, 뇌의 발달이나 신경전달물질의 차이에서 비롯된 특성이죠.

다만, 이를 제대로 이해하지 못하고 방치하거나 관리 없이 지나친다면 학업이나 직장, 대인관계에서 어려움을 겪게 되고, 그 과정에서 다른 문제 행동으로 이어질 수 있어요. 즉, 증상 자체가 문제라기보다는 적절한 이해와 조절이 더 중요해요.

Q6. ADHD는 아이들만 겪는 줄 알았는데, 어른이 되어서도 지속될 수 있나요?

A6. 네, ADHD라고 하면 흔히 초등학교 수업 시간에 집중하지 못하고 뛰어다니는 아이를 떠올리기 쉬운데요, 사실 '성인 ADHD'도 꽤 흔합니다. 예전에는 성인 ADHD를 다루는 진단 체계도 사회적 인식도 부족해 제대로 발견하지 못하고 놓치는 사례가 많았을 뿐입니다.

어릴 때는 눈에 띄는 과잉행동으로 인해 ADHD를 쉽게 알아차리는 반면, 나이가 들수록 주의력결핍 같은 비교적 조용한 증상이 진행되면서 ADHD가 눈에 잘 띄지 않는 경우가 많아요. 이처럼 어릴 적 증상이 자동으로 사라지는 것이 아니라, 어른이 되어서 다른 형태로 발현하기도 하니 주의 깊게 살펴봐야 합니다.

연구에 따라 차이는 있지만, ADHD 진단을 받은 아동 중 많게는 70퍼센트가 청소년기까지도 증상이 이어지며, 이 중 절반 이상은 성인이 되어서도 증상이 지속된다고 하니 ADHD가 아이들만의 문제는 아니겠죠.

또 최근에는, 성인이 되고 나서 처음 ADHD 증상이 나타나는 경우에 대한 연구들도 이어지고 있어요. 일반적으로 ADHD는 아동기부터 증상이 나타나는 것으로 알려져 있는데요, 실제 임상에서 어린 시절엔 큰 문제 없이 지내오다가 어른이 된 후 스스로 계획하고 실행하는 환경에 놓이면서 문제가 나타나는 경우도 종종 관찰되거든요. 이런 사례들이 알려지면서 기존의 진단 기준을 다시 살펴봐야 한다는 이야기도 나오고 있답니다.

Q7. ADHD를 가진 성인은 무조건 약물 치료가 필요한가요?

A7. 개인차가 있지만 성인 ADHD라면 약물 치료가 도움이 되는 경우가 많습니다. 약물을 통해 주의력결핍을 개선하고 충동성을 감소시키는 등의 효과를 보기도 합니다.

그러나 모든 사람이 약을 먹어야 하는 것은 아니고, 증상이 심각한 정도와 일상생활에 미치는 영향력을 고려해야 하죠. 의학적 진단을 기반으로 약물 치료와 심리적·생활적 지원을 어떻게 잘 조합하느냐가 관건입니다.

어른이 되어 ADHD를 마주하다

앞서 이야기했듯이, 어린 시절부터 저는 늘 무언가를 흘리고, 놓치고, 잊어버리는 일투성이였습니다. 초등학생 때 '헨젤과 그레텔'이라 불리운 이후, 중고등학생 때는 시간 약속을 제때 못 지켜 '펑크맨'이라는 별명을, 어른이 되어서는 일할 때마다 다급하게 "아, 맞다!"를 외치며 힘들게 일을 마무리하다보니 '아맞다'라는 별명까지 얻었죠.

사실 다른 사람들 눈에는 그저 웃고 넘어갈 실수일지도 모릅니다. 저도 한동안은 그 별명들에 익숙해져, 원래 나는 이런 사람이구나라고 대수롭지 않게 여기기도 했어요. 하지만 어느 순간부터 아무리 열심히 해도 실수가 잦고 성의가 없다는 지적까지 받자 진지하게 고민하기 시작했습니다. 왜 자꾸 내 의지와는 다르게 일이 꼬이는 건지 도무지 알 수가 없더라고요.

남들보다 몇 배는 더 노력하는데도, 필연적으로 깜빡하고 허둥지둥 수습하는 일이 반복되었죠. 그러다 문득 이런 생각에까지 이르렀습니다. '혹시 나는 내가 생각하는 것보다 훨씬 성의도 없고 노력하지 않는 사람인 걸까?' 시간이 흐를수록 마음 한구석에 의심이 싹트기 시작했습니다.

마침내, 그 오랜 의문을 지나쳐 닿은 곳이 ADHD였습니다. 그런데 정작 그걸 제일 먼저 알아차린 건 제가 아니었어요. ADHD라는 용어가 대중에게 널리 알려질 즈음이었는데, 제 주변 사람들이 하나같이 저를 보고 100퍼센트 ADHD일 거라 확신하더라고요. 심지어 ADHD 분야를 전문으로 다루는 제 지도 교수님도 검사를 받아보자고 권유해주셨어요.

내가 ADHD일 수도 있다니! 그동안 저지른 실수들이 꼭 제 탓은 아닐 수도 있겠다는 안도감과 동시에, 그건 그저 핑계에 불과하단 불안감이 밀려왔습니다. 누군가 저를 가리키며 "쟤는 그냥 변명하려고 ADHD인 척하는 거야"라고

속단할 것만 같았으니까요.

그래서 처음엔 검사를 차일피일 미루기만 했습니다. 대신 다시 마음을 다잡고 일을 잘해보려고 노력했습니다. 그러나 제 의지와 별개로 결과는 똑같았고, 중요하다 싶을 때 하나씩 깜빡하는 패턴이 되풀이되었죠. 결국 이 문제를 그냥 두고 볼 수만은 없겠다는 결심이 섰습니다. 사소해 보이지만 일상 곳곳에서 애를 먹이던 이 고질적인 '깜빡'과 '허둥' 그리고 '미룸'을 해결하지 않으면, 저는 평생 '아맞다'라는 별명뿐만 아니라 '후회'라는 녀석까지도 달고 살아야 할 것 같았거든요.

그렇게 저는 제 자신에게 직접 주의력 검사와 ADHD 관련 설문을 진행해보기로 했어요. 직업상 병원에 오시는 분들에게 검사지를 요청하는 편이 익숙했는데, 막상 제 손으로 그 문항을 작성하기는 처음이었습니다. 생각보다 제게 해당되는 증상이 많아 깜짝 놀랐습니다. 항목 하나하나 꼭 제 얘기처럼 느껴졌어요.

그렇게 검사를 받고 뒤늦게야 놓치고 있던 삶의 퍼즐 조각 하나를 맞추었습니다. 바로, 제 안의 ADHD를요.

"아맞다 지수" - ADHD 간단 체크리스트

최근 6개월 동안을 떠올리며 □에 표시해보세요.
(0 = 거의 없음 / 1 = 가끔 / 2 = 자주 / 3 = 매우 자주)

	0 1 2 3
1. 중요한 약속이나 마감일을 잊어 곤란했던 적이 있다.	□□□□
2. 지갑·휴대폰·열쇠 같은 사소한 물건을 자주 잃어버린다.	□□□□
3. 대화 중 딴생각이 들어 흐름을 놓치고 다시 물어본다.	□□□□
4. 일을 시작해놓고 끝을 못 보거나 흥미가 금세 식는다.	□□□□
5. 회의나 독서 등 집중해야 할 상황에서 생각이 자꾸 다른 곳으로 샌다.	□□□□
6. 책·영상·설명서를 읽을 때 한 줄(장면)을 반복해서 본다.	□□□□
7. 줄을 서거나 교통체증을 빚는 상황에서 몸이 들썩이고 안절부절못한다.	□□□□
8. 상대방 말이 끝나기 전에 끼어들거나 결론부터 말한다.	□□□□
9. 소비나 약속을 즉흥적으로 하고 나서 종종 후회한다.	□□□□
10. 오래 앉아 있어야 할 때 다리 떨기나 자세 변경을 멈추기 어렵다.	□□□□
11. 운전·게임 등에서 속도를 과도하게 올리거나 급변경을 자주 한다.	□□□□
12. 하루 계획을 세워놓아도 갑자기 변경해 일정이 자주 꼬인다.	□□□□

> 항목 평균이 2점('자주') 이상이거나 총점이 24점에 가깝다면, 일·학업·관계에서 실수가 잦을 가능성이 높습니다. 이런 경우 전문 상담도 한번 고려해보세요.
> 특정 항목이 3점('매우 자주')으로 반복된다면, 총점이 낮아도 그 부분은 생활에서 불편할 수 있는 구간입니다.

이 체크리스트는 **ADHD** 경향이 있는지 체크해보는 간단한 테스트일 뿐, 진단을 확정 짓는 도구는 아닙니다. 최종 판단과 치료 계획은 반드시 정신건강의학과 전문의와 상의해주세요.

진단 직후엔 막 여기저기 떠벌이고 싶었습니다.

"야, 나 ADHD래! 그래서 그동안 너희를 힘들게 했던 거야! 이제 나 좀 타박하지 말고 이해해줘!"

동시에 억울한 마음도 들었습니다. 어릴 적 그렇게 혼났던 이유가 알고 보니 그냥 제가 정신없는 사람이어서가 아니었다는 걸 깨달았으니까요.

물론 진단은 끝이 아닙니다. 치료를 받는 그 순간부터 진짜 시작이죠. 다행히, 그 시작이 무겁고 막막하게 느껴지지만은 않았습니다. 오래전부터 꾸중과 지적에 익숙했던 저는 언제나 과도하게 눈치를 보곤 했지만, 이제는 조금씩 달라질 수 있다는 자신이 생겼기 때문입니다.

혹시 저와 비슷한 고민이나 경험을 해온 분들이 있다면, 그 어떤 자책도 하지 않았으면 좋겠습니다. 마음과는 다르게 잊고, 놓치고, 흘리는 일이 반복될 때, 그게 마치 모두 내 탓처럼 느껴졌을 거예요. 하지만 지금이라도 ADHD를 제대로 이해하고 관리해나가기로 한 것, 그 자체가 대단한 일인걸요.

우리는 지금 꼭꼭 숨어 있던 퍼즐 조각을 찾아내 제자리에 맞춰가는 과정 속에 있습니다. 그렇게 조각들을 다 맞추는 순간, 어린 시절부터 지금까지 이어온 크고 작은 실수들의 의미가 달라질 거예요. 더이상 타인의 시선에 위축되지 않고 오히려 따뜻한 기억으로 다가올지도 모르죠. 제가 그랬던 것처럼 여러분도 자신을 조금 더 너그럽게 대하게 되기를 바랍니다.

우리는 게으른 게 아니라, 주의력과 실행력이 따로 노는 뇌로 살아왔던 거예요. 단순히 의지의 문제가 아니었어요. 알게 된 순간부터 조금씩 바꿔나갈 수 있어요.

파이팅!

CHAPTER 02
ADHD를 진단받는다는 것

ADHD 진단은 '주의력이 부족한가요?'를 묻는 OX 퀴즈가 아니라, 복잡한 조각들을 하나씩 맞춰가는 퍼즐에 가깝습니다. 이번 장에서는 정신건강의학과 의사이면서 ADHD 당사자인 제가, 진단 과정에서 마주한 현실과 고민들에 대해 이야기하려 합니다.

ADHD는 왜 생기는 걸까?

ADHD는 사람마다 드러나는 양상이 워낙 달라 한 줄로 정의하기 어렵습니다. 누군가는 기발한 아이디어를 폭포처럼 쏟아내면서 휴대폰은 자주 잃어버리고, 또 누군가는 조용히 앉아 있다가도 집중력이 툭 끊기곤 합니다. 그래서 ADHD는 타고나는지, 아니면 잘못된 습관으로 형성되는지 질문이 자연스럽게 따라붙습니다. 이번에는 뇌 구조나 유전자 배열 같은 복잡한 설명 대신, '주방'을 예로 들어 ADHD가 발생하는 이유를 쉽게 풀어볼게요.

레시피부터 조금 달랐다: 타고난 설계

우리는 모두 '유전'이라는 레시피를 가지고 태어납니다. ADHD라고 해서 들어가면 안 되는 재료가 우르르 쏟아진 레시피란 뜻은 아닙니다. 그보다는 각 재료가 한 꼬집씩 미세하게 계량이 다른 것에 가깝습니다. 이 작은 차이들이 모여 결과적으로 '집중이 살짝 느슨한 맛'을 내죠. 참고로 가족이나 쌍둥이를 대상으로 한 연구에 따르면 ADHD에서 유전자가 기여하는 비율이 많게는 70~80퍼센트 정도로 추정된다고 해요. 결정적으로 꼽히는 유전자는 따로 없고, 위험을 높이는 여러 작은 유전 변이들이 모여 눈에 띄는 차이를 만들어낸답니다.

불 조절이 달랐다: 자라온 환경

레시피가 같아도 화력과 조리 시간에 따라 맛이 달라지죠. 태내 흡연 노출, 조산, 저체중 출생, 어릴 적 겪은 큰 스트레스 등의 환경 요인이 주방 '화력'에 해당합니다. 이미 걸쭉한 소스를 센 불에 오래 올려두면 더 걸쭉해지듯, 거친 환경은 타고난 기질을 더 선명하게 드러냅니다. 그렇다고 환경만으로 ADHD가 뚝딱 생겨나는 건 아니에요. 유전적 바탕에 환경 자극이 더해져 상호작용을 할 때 나타납니다.

주방 동선이 꼬였다: 뇌가 손발을 맞추는 방식

똑같은 재료에 똑같이 불 조절을 해도 셰프의 동선이 엉

키면 음식이 망가집니다. 우리의 뇌 안에서도 비슷한 일이 벌어지는데요. 우리 뇌에는 세 셰프가 있습니다. 우선 전두엽의 앞부분인 '전전두엽'이 주방의 '메인 셰프'입니다. 요리할 순서를 짜고 지시하는 작업 관리자인 셈이죠. 그런데 ADHD에서는 이 메인 셰프가 지시를 늦게 내리거나 그 내용도 모호한 편이에요. 그러다보니 무엇부터 시작할지 결정하는 데 시간이 걸리고, 외부 자극에 따라 계획이 쉽게 바뀝니다. 결과적으로, 시작은 많고 완결은 적은 패턴이 생기는 거죠.

보상에 반응하는 뇌 시스템인 '보상회로(Reward System)'는 '소스를 담당하는 셰프'입니다. 재미와 보람 같은 신호가 담긴 '도파민' 소스를 뿌려 행동에 동기를 부여하고 유지하도록 하죠. 그런데 ADHD의 뇌에서는 이 신호가 너무 빨리 사라져서 흥미를 오래 유지하기 어려워요. 따라서 보상이 늦게 오는 일에 금세 싫증을 내고 다른 자극을 찾아 나서곤 합니다.

마지막으로, 주방에서 뒤처리를 담당하는 '막내 셰프', '디폴트 모드 네트워크(DMN)'를 소개할게요. 원래는 뇌가 쉬는 시간에만 등장해 잡생각을 정리해야 하는데, ADHD의 뇌에서는 업무 시간이 헷갈리는지 집중해야 할 때는 잡생각이 끼어들고, 쉬어야 할 때는 머리가 계속 돌아갑니다. 그 결과 쉽게 멍해지거나 생각이 자꾸 딴 길로 새면서 집중이 끊어지고 말죠.

이처럼 세 셰프가 엇박자로 움직이면 ADHD 특성이 자연스럽게 드러나게 됩니다.

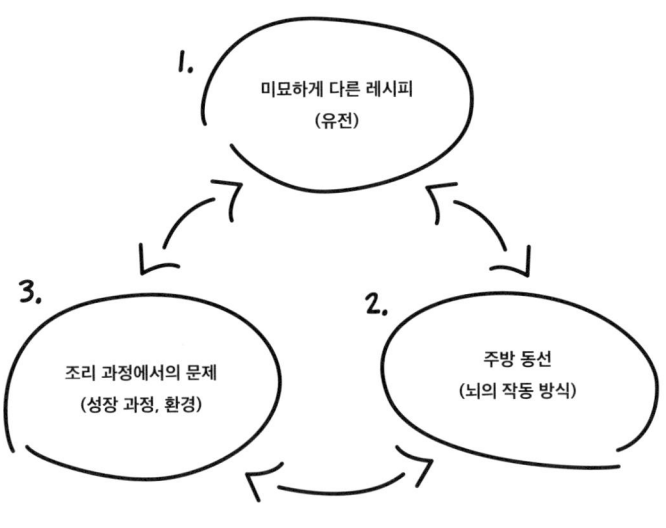

▲ ADHD 증상 발현에 영향을 미치는 세 요인

중요한 건 시그니처 메뉴

우리가 일상에서 마주하는 ADHD 증상은 레시피에 따라 조리된 음식의 결과물입니다. 음식 맛을 조금 조정하는 일은 불가능한 게 아니에요. 재료와 레시피, 즉 유전은 마음대로 바꿀 수 없지만 조리할 때 화력이나 주방 동선은 충분히 손볼 수 있습니다. ADHD 레시피에 적절한 약물 치료, 행동 요법, 주변의 지지와 같은 여러 노력을 더한다면 누구나 자신만의 특별한 '시그니처 메뉴'를 만들어낼 수 있을 거예요.

유전이라는 재료는 바꿀 수 없지만, 불 조절과 도구 배치는 얼마든지 바꿀 수 있어요. 더이상 남의 주방을 따라 하지 말고, 내 뇌에 맞는 조리 루틴을 하나씩 만들어가요.

치료를 시작하고 깨달은 'ADHD'라는 이름의 한계

직접 ADHD 치료를 받으며 임상에서도 다양한 ADHD 특성을 가진 분들을 뵙다보니, ADHD는 '집중력 부족'이라는 한 단어로 설명하기 힘들다는 것을 알게 되었습니다. 이런 상황이 모두 약으로만 해결되는 것도 아니었어요.

우선 ADHD 진단 자체가 복잡합니다. '주의력결핍 과잉행동장애(Attention-Deficit Hyperactivity Disorder, ADHD)'라는 이름에도 불구하고, 집중하기 힘들다고 해서 "뭐? 주의력이 없다고? 그렇다면 넌 ADHD야!"처럼 딱 잘라 말할 수 없습니다. 안타깝게도 아직까지 ADHD 측정을 위한 완벽하고 정확한 검사 도구는 존재하지 않고요.

진단은 문진표와 심리 검사, 의사와의 면담 등을 종합해 이루어집니다. 그 과정에서 여러 주관이 들어가기도 하고, 환자나 보호자, 혹은 의사마다 관점이 달라지기도 하죠. 어떤 의사는 이 정도면 ADHD로 봐야 한다고 말하고, 또 다른 의사는 아직은 단정짓기 이르다고 반박하기도 합니다.

게다가 ADHD처럼 보이는 증상이 꼭 ADHD에서만 오는 건 아닙니다. 우울과 같은 기분 문제나 불안, 강박, 수면장애 등 다른 정신 건강 문제가 겹쳐도 집중력은 흐려질 수 있습니다. 예를 들어볼까요.

우울증: 실제로 우울증이지만 ADHD가 의심된다며 병원에 찾아오는 분도 많습니다. 우울증으로 계속되는 피로감에 시달려서 집중력이 떨어지고 기억력도 나빠질 수 있거든요. 주변 사람들 눈에는 산만하고 일을 미루는 사람으로 보이고, 본인도 ADHD라고 착각하기 쉬워요.

양극성장애: 기분이 들뜬 조증 상태에서는 한 번에 너무 많은 일을 손대고 싶어지고, 반대로 우울 상태에서는 아무것도 하기 싫어지면서 집중력도 바닥을 칩니다. 양극성장애는 이러한 조증과 우울증이 반복적으로 나타나며, 이 역시 ADHD와 비슷하게 보일 때가 적지 않아요. 치료 초기에는 때때로 의사들도 둘을 구분하기 어려워합니다.

불안장애: 머릿속이 불안으로 가득 차면 늘 마음이 조마조마하고, 정작 필요한 일은 깜빡할 때가 많습니다. 불안에 휩싸여 집중해야 할 정보나 물건을 술술 빠뜨리는 거죠. 왜 이렇게 건망증이 심한지 의아하고 ADHD인지 고민하게 될 수 있어요.

강박 및 수면장애: 강박증으로 특정 생각이나 행동에 붙잡혀 시간을 허비하면 다른 일에 몰입하지 못하고 자꾸만 실수하게 됩니다. 수면장애도 마찬가지예요. 제때 잠을 자지 못하면 낮 동안 멍하게 보내면서 주의력이 엉망이 될 수 있어요.

이처럼 다양한 증상이 ADHD와 헷갈릴 수 있는데요. 최근 ADHD가 워낙 주목받다보니, 실제로는 우울이나 불안이 주요 원인임에도 무조건 ADHD로 오해하는 경우가 늘고 있습니다. 반대로, 어릴 때부터 이어진 ADHD 증상이 우울과 불안을 야기하거나 ADHD가 다른 증상과 함께 나타나는 상황도 흔해요. 정신 건강 문제는 서로 복잡하게 얽혀 있어 겉보기만으로 구분하는 것은 쉽지 않습니다.

또한 집중력은 그날의 컨디션에도 영향을 받아요. 저 역시 치료를 받고 있지만 날마다 상태가 다릅니다. 차분해지는 면도 있지만, 예전처럼 허둥지둥할 때도 있고, 그래서 지금 약이 안 듣는 건지, 오늘 상태가 안 좋은 건지, 그것도 아니면 단지 기분 탓인지 혼란스럽기도 했어요.

게다가 ADHD는 개인의 인지 능력, 사회적 지원, 직업 특성, 환경 요인 등에 따라 다르게 발현되기도 합니다. "선생님, 혹시 저는 ADHD가 심한 편인가요?"라는 질문을 자주 받지만, 이에 명확히 답하기는 어려워요. ADHD가 심하다, 보통이다, 심하지 않다, 딱 잘라 말하기 어려운 이유는, 증상의 강도보다도 그것이 삶에 어떤 영향을 미치는지가 더 중요하기 때문입니다. 같은 강도의 증상을 보이더라도 인지적으로 잘 보완하거나 ADHD에 우호적인 환경에서 생활한다면 일상생활에 큰 지장은 받지 않겠죠. 이런 경우 ADHD를 뒤늦게 알아차리는 분들도 적지 않습니다.

정신건강의학에서 이용하는 ADHD 진단 기준은 의료적·과학적 근거를 바탕으로 정밀하게 만들지만, 여전히 사회적·인문학적 영향을 무시할 수 없습니다. 예컨대, ADHD라는 이름 자체가 없는 사회나 시대에선 아마 우리는 '산만한 성격', 어쩌면 '발랄한 사람' 정도로 불렸을지 모릅니다.

오늘날 우리는 다재다능해야 하는 동시에 고도의 집중력과 시간 엄수, 자기 관리까지 요구받는 시대에 살고 있어요. 개인적으로는 시대가 필요로 하는 가치가 변화하는 과정에서 ADHD가 더 빈번히 거론되는 경향도 있다고 생각합니다.

이렇듯 진단은 결코 절대적인 진리가 아니며, 그 시대의 사회적 합의가 반영된 일종의 약속이라고 볼 수 있습니다.

그렇다면 ADHD라는 이름이 쓸모없거나 잘못된 걸까요? 그렇지는 않습니다. ADHD는 때로는 복잡하고 미묘하지만, 분명 제가 살아오면서 겪은 여러 실수와 어려움을 설명해주는 유용한 개념이라고 생각합니다.

이렇게 생각해보면 어떨까요. ADHD는 나를 정의하거나 이해할 수 있도록 돕는 하나의 힌트일 뿐, 완벽한 해답은 아니라고요. ADHD는 내 삶을 설명해주는 퍼즐 조각 중 하나일 뿐이에요. 전체 그림을 완성하려면 훨씬 더 많은 조각들이 필요하죠. ADHD라는 한 조각만으로 내가 어떤 사람인지, 어떤 가능성을 가진 존재인지 단정할 수는 없어요.

혹시 이 글을 읽고 있는 여러분도, 아직 ADHD인지 헷갈리나요? 진단을 받았어도 계속 의심이 드는 분, 반대로 아직은 ADHD라고 보긴 어렵다는 말을 듣고 찝찝하게 병원을 나선 분도 있을 거예요. 그런 여러분께 답이 명확히 떨어지지 않아도 괜찮다고 말씀드리고 싶습니다. 진단이라는 건, 어떤 면에서는 우리 삶을 좀더 이해하기 위한 출발점일 뿐이에요. 의사의 판단도 여러 정보를 토대로 한 종합적인 추측일 수 있고요.

저 역시 '아맞다'라는 별명은 여전히 유효하지만, 저의 모든 면을 무조건 ADHD 때문이라고 단정짓지 않으려고 해요. 제가 지닌 ADHD의 특성을 염두에 두고 스스로를 더 잘 돌보려 노력할 뿐이죠. ADHD라는 이름에 증상이 꼭 들어맞지 않아도 괜찮아요. 그건 우리의 일부이지, 전부는 아니니까요.

기억해주세요. 진단은 정답이 아니라 나아가기 위한 과정입니다. 그리고 그 과정 속에서 당신이 조금이라도 더 편안해질 수 있다면 그것만으로 ADHD라는 이름은 충분히 제 몫을 다한 셈입니다.

파이팅!

ADHD라는 이름에 스스로를 가두기보다는, 그 이름을 통해 지금 내 상황을 파악하고 여러 가능성을 고려하며 더 나은 길로 나아갈 기회로 삼아보세요.

ADHD 미신 vs. 사실

ADHD를 둘러싼 소문은 무성하지만 사실 확인은 여전히 부족합니다. 지금부터 우리가 흔히 믿기 쉬운 ADHD에 대한 미신과 오해들을 하나씩 짚어보겠습니다!

첫 번째 미신: "ADHD면 늘 에너지가 넘쳐서 사고만 치고 다닌다던데?"
사실: 산만한 모습이 눈에 띄는 경우도 있지만, 조용히 머릿속으로 빙글빙글 딴생각에 빠지는 사람도 많습니다. 겉으로 두드러지지 않는다고 해서 ADHD가 아닐 거라고 안심하기엔 조금 이를지도 몰라요.

두 번째 미신: "ADHD는 똑똑하지 못해서 생기는 거 아냐?"
사실: 주의력과 지능은 별개의 문제입니다. 오히려 ADHD만의 폭발적인 창의력으로 성공한 사례도 많아요. 물론 그 창의력이 업무나 과제 전, 책상 위를 예술적으로 어지르는 데 쓰일 수도 있긴 하지만요.

세 번째 미신: "다 게을러서 그런 거야. 정신만 차리면 고칠 수 있지 않나?"
사실: 정신력으로 모든 걸 해결할 수 있다면 세상에 고민이란 게 존재했을까요. 뇌의 기질과 환경, 심리 상태 등이 복합적으로 작용하는 문제를 개인의 의지만으로 해결하기는 어렵습니다. 그건 ADHD가 아니

더라도 마찬가지고요.

네 번째 미신: "그냥 집중을 못하는 거잖아? 우울이나 불안, 강박 같은 다른 문제랑은 전혀 상관없지."

사실: ADHD만 집중력을 저하시키는 건 아니에요! 다른 정신 건강 문제가 ADHD를 유발하거나, 반대로 ADHD로 인해 다른 문제들이 생기기도 합니다. ADHD가 먼저인지 다른 문제가 먼저인지는 결국 '닭이 먼저냐, 달걀이 먼저냐' 아닐까요.

다섯 번째 미신: "ADHD 진단받아서 약 먹기 시작하면 평생 먹어야 해!"

사실: 약물이 큰 도움이 되는 건 맞지만, 반드시 평생 복용해야 한다는 법은 없습니다. 삶의 환경 변화, 행동치료, 새로운 습관 형성 등 다양한 요소가 함께 개선되면 (담당 주치의와 상의 하에) 약물 복용을 줄이거나 끊을 수도 있어요.

여섯 번째 미신: "ADHD는 뇌 문제인데 명상이나 요가로 좋아질 리가…?"

사실: 명상이나 요가는 뇌의 특성을 근본적으로 바꾼다기보다는 심리적 안정감을 높여 집중하기 수월하게 만드는 효과가 있습니다. 깊은 감각과 호흡의 순간이 의외로 ADHD에 큰 도움이 될 수도 있답니다.

일곱 번째 미신: "ADHD 진단받으면 나중에 취직이나 사회생활할 때 힘들어져."

사실: 우선 정신건강의학과 진료 여부나 그 내용은 본인 동의 없이 절대 타인이 알 수 없습니다. 또한 ADHD가 있다고 해서 업무 능력이 빵점이란 뜻도 결코 아닙니다. 오히려 어떤 분야에선 빠른 행동력과 몰입력이 빛나기도 하죠. 업무 환경이나 본인 스타일에 맞춰 조율이 필요할 뿐입니다.

여덟 번째 미신: "ADHD 약은 마약 수준으로 중독된다던데?"

사실: ADHD 약물은 전문의가 적절히 처방하고 관리하는 경우, 중독 위험이 낮습니다. 오히려 복용하면 일할 때 여유와 집중력을 얻을 수 있어요. 그렇다고 ADHD 증상이 없는 분들이 복용해서는 안 됩니다. 종종 친구의 약을 빌려 드시는 분들을 뵙고는 하는데요, 이러한 행동은 굉장히 위험합니다. ADHD 약물은 의사들도 정말 신중하게 처방하는 약입니다. 부작용이나 오남용을 예방하기 위해서는, 의사와 꼼꼼히 상의하는 과정은 선택이 아닌 필수입니다.

치료를 둘러싼 오해와 비판들

 ADHD 진단을 처음 받았을 때 저는 막연히 기대했습니다. 제 삶의 문제들이 바로 사라지는 마법 같은 순간이 올 줄 알았어요. 제대로 된 약물 치료와 함께, 그토록 바라던 진중하고 어른스러운 사람이 될 수 있으리라 믿었습니다.

 그래서 진단만 받으면 마음이 한결 편해질 줄 알았는데요. ADHD 치료를 본격적으로 시작하니 또 다른 고민이 밀려왔습니다. 정신건강의학과 의사로서 약에 대해 누구보다 잘 알고 있다고 생각했지만 머릿속이 복잡했습니다. 현실적으로 언제까지 약을 먹는 게 좋을지, 혹시 내가 놓치고 있는 다른 문제는 없는지 계속 의문이 들더라고요. 최근 들어 ADHD에 대한 사회적 인식이 높아졌다고는 해도,

과잉 진단이나 약물 의존 같은 논란은 여전히 현재진행형이고요.

그래서 이번에는 조금 더 깊은 이야기를 해볼까 해요. ADHD 치료 과정에서 한 번쯤 고민해볼 법한, 그러나 단번에 답하기 어려운 궁금증들을 살펴보아요.

약물 치료, 언제까지 받아야 할까요?

ADHD에 사용하는 약물은 크게 '중추신경흥분제'와 '중추신경비흥분제' 두 갈래로 나뉩니다. 흥분제는 뇌에서 '도파민'이나 '노르아드레날린' 같은 신경전달물질의 분비를 즉각 끌어올려주는 약으로, 주의력 회로에 엑셀을 밟는 역할을 합니다. 반면 비흥분제는 신경전달물질을 뇌에 오래 머물도록 조절해주는 약으로, 속도를 안정적으로 유지해주는 브레이크에 가깝습니다. 이들 약물은 주의력을 향상하고 충동성과 과잉행동을 완화하는 데 효과적이라는 연구가 많아, 보통 ADHD 치료 초기 단계에서 우선적으로 고려됩니다.

이 약물들을 언제까지 복용해야 하는지에 대해서는 전

문가들 사이에서도 의견이 나뉘어요. 어떤 전문가들은 증상이 많이 나아질 때까지 꾸준히 복용하되, 점차 줄여가는 게 좋다고 말합니다. 또 다른 전문가들은 성인기에도 지속적으로 필요하다면 장기 복용을 충분히 고려해야 한다고 말합니다.

결론부터 말씀드리자면, 제 생각은요, '사람마다 다르다' 입니다. 약물 치료의 필요성은 직업이나 일상 환경에 따라 달라지기도 하며, 개인의 인지적 특성이나 성격, 동반 질환의 여부에 따라서도 전혀 달라질 수 있기 때문이에요. 그렇기에 어떤 분들은 수년간 꾸준히 약을 드셔야 생활이 안정되고, 또 어떤 분들은 환경이나 업무가 바뀌면서 약을 줄이거나 중단하기도 합니다. 상황에 맞춰 유연하게 관리하는 것이 좋다고 생각합니다. (단, 아시죠? 반드시 전문가와 상담을 통해 조정해야 하며, 임의로 판단하는 것은 금물입니다!)

저도 한동안은 매일 약을 먹다가 어느 시점에 스스로에게 물었습니다. 과연 지금도 계속 먹어야 할까, 하고요. 의지로 극복할 순 없는 걸까 고민하기도 했어요. 지금도 저는 약의 도움을 꾸준히 받고 있습니다. 결국 약물은, 내가 더 편안하고 안정적으로 일상을 영위하도록 돕는 도구입니다. 평생 무조건 먹어야 한다는 법도, 당장 끊어야 한다는 법도 없습니다.

행동치료, 정말 도움이 될까요?

"ADHD는 뇌기능과 밀접한 관련이 있다던데, 그렇다면 행동치료가 효과가 있을까요?"

"약물이 즉각적으로 증상을 완화해준다는데 굳이 행동치료까지 할 필요가 있나요?"

진료 중 종종 받는 질문입니다. ADHD로 나타나는 문제를 그때그때 덮지 않고 삶 전반에 걸친 습관의 변화를 이루려면, 행동치료가 따라와야 합니다. 실제로 생활 속 ADHD 문제를 관리할 때 행동치료와 인지행동치료, 생활코칭이 상당히 도움이 된다는 근거도 점점 늘고 있어요.

'인지행동치료'는 비현실적이거나 스스로를 깎아내리는 생각을 바로잡고(인지재구조화[?]), 반복되는 행동 실수를 줄이

[?] '나는 왜 이렇게 산만하지?' 같은 부정적인 생각을, '지금은 집중이 어렵지만 계획을 세우면 나아질 수 있어'로 바꾸는 연습입니다. 단순히 기분을 좋게 하려는 게 아니라, 실제 행동 변화로 이어질 수 있도록 심리적인 기반을 만들어줍니다.

기 위한 구체적인 전략을 실천해보는 것(행동교정??)을 함께 다루는 심리치료입니다.

'생활코칭'은 머리로는 알지만 행동으로 옮기기 어려운 사람 곁에서 일정과 우선순위를 함께 점검하며 실천할 수 있도록 현실적인 조언과 피드백을 제공하는 것을 말하고요.

미루는 습관, 정리정돈, 시간 관리 같은 생활 속 어려움은 약물만으로 해결하기 어렵습니다. 게다가 성인은 오랜 시간 ADHD로 살아오며 몸에 밴 잘못된 습관이나 믿음도 함께 교정해야 하기에, 실생활에서 문제를 해결하기 위해 연습하고 점검하는 노력이 반드시 필요해요.

저 역시 다이어리와 메모 앱을 적극 활용하는 법을 익혔고, 중요한 일정은 알람을 여러 번 설정해서 놓치지 않도록 대비하고 있습니다. 약물의 도움도 크지만, 이런 작은 기술들이 쌓이며 제 생활의 질은 훨씬 좋아졌습니다. 약물 치료가 뇌기능의 한계를 보완해준다면, 행동치료는 그 보완한 능력을 현실에서 어떻게 쓸지 안내해주는 사용 설명서 같

?? 반복되는 실수를 줄이기 위해 행동 패턴을 바꾸는 연습입니다. 예를 들어, 물건을 챙기는 것을 자꾸 잊는다면 '외출 전 체크리스트를 확인하는 습관'을 만들어 반복적으로 실천할 수 있습니다.

은 역할이랄까요. 그러므로 행동치료를 병행한다면 장기적으로 내 삶에 훨씬 더 깊은 도움이 될 거예요. (7장에서 간단한 행동치료 방식을 함께 알아보도록 할게요!)

ADHD 약물 치료의 한계에 대한 논란

앞서 언급한 ADHD 약물인 흥분제와 비흥분제는 집중력을 높이고 충동성을 낮추는 데 효과적입니다. 실제로 효과를 느낀 분들은 일상에서 도저히 해낼 수 없던 일을 당장 약 덕분에 해냈다고 말하기도 해요. 인터넷에서 종종 이와 비슷한 후기를 찾아볼 수도 있습니다.

하지만 장기적으로 봤을 때 생활 습관이 변하지 않으면, 약을 중단하자마자 이전 습관이나 ADHD 증상이 돌아오며 다시금 불편을 겪을 가능성도 존재합니다.

이 밖에도 약물은 개인에 따라 식욕 감소, 불면, 불안 등의 부작용이 발생할 수 있으며, 사람마다 약물에 반응하는 차이도 큽니다. 만약 우울증이나 조울증 등 ADHD에 동반하는 질환이 있다면 ADHD 약물만 먼저 복용했다가 오히려 증상이 악화되거나 복잡해지기도 해요. 따라서 약물만으로 모든 것을 해결하려는 단편적인 태도는 다른 여러 문제를 일으킬 수 있다는 점을 꼭 인식해야 합니다.

소아에서 성인까지 이어지는 ADHD의 특징

과거에는 ADHD를 소아 질환으로만 알았지만, 요즘은 성인이 되어서도 상당수에게 증상이 이어진다는 사실이 널리 인정되고 있습니다. 특히 우리는 성장하는 과정에서 각 시기별로 수행하는 사회적 역할이 달라지는데요. 그때마다 ADHD 증상 또한 각기 다른 방식으로 경험하게 됩니다.

임상 현장에서 연령대에 따라 나타나는 ADHD 증상은 보통 다음과 같습니다.

소아기: 과잉행동이나 산만함이 눈에 잘 띄므로 주위 어른들이 빨리 증상을 눈치채기 쉬운 편이며, 이로 인해 병원에 오는 경우를 종종 볼 수 있습니다.

청소년기: 과잉행동보다는 학업에 대한 부담이 커지면서 집중력이 부족한 모습이 더 두드러집니다. 사춘기 특유의 심리 변화와 겹쳐 복합적인 모습으로 나타날 수 있습니다. 이 시기에는 ADHD와 함께 우울

이나 불안, 일탈 행동이 동반되어 병원을 찾는 경우도 많습니다.

성인기: 일상생활을 스스로 꾸려나가게 되면서 시간 관리, 조직 생활, 대인관계에서 문제가 불거지기 쉽습니다. 일과 관련하여 불성실하다는 피드백을 받고는 뒤늦게 ADHD를 자각하고 병원에 오는 분이 많습니다. 뇌는 일정 시기에 이르기까지 계속 발달하기 때문에, 일부 증상은 성인이 되면서 자연스럽게 나아지기도 합니다. 나이가 들면서 문제 상황에 대처하는 나름의 요령도 생기고요.

다행히도 ADHD에 대한 사회 인식과 치료 환경은 점점 변화하고 있습니다. 이제는 병원뿐 아니라 심리상담센터나 코칭 프로그램 등 다양한 경로로 성인 ADHD 지원이 확대되는 중이에요. 이런 변화 속에서 우리가 자신에게 맞는 도움을 찾아갈 수 있다면, 그것만으로도 ADHD라는 진단이 주는 무거움이 조금은 가벼워지지 않을까 싶습니다.

ADHD에 관한 여러 논란과 견해 또한 '약물 치료냐, 행동 치료냐'처럼 이분법으로 나누어 정답을 고르기보다는, '어떤 사람이', '어떤 시점에', '어떤 방식으로' 도움을 받을 때 가장 효과적인가를 고민하는 쪽에 가깝습니다.

누군가에겐 약이 절실하고, 또 누군가에겐 그보다 환경 조율이나 상담 치료가 먼저일 수 있겠죠. 사실 대부분 양쪽 치료 방법을 함께 쓰면서 자신에게 맞는 방식으로 일상에 녹여내는 편인데요. ADHD 당사자인 저 역시 약물 치료를 받는 동시에 메모 습관을 들이고 생활 속 기술들을 익혀나가는 중이에요.

언젠가 저를 둘러싼 환경이 바뀌거나 제 삶의 다음 시기로 넘어가게 된다면, 그때 또 약을 계속 먹을지 말지 고민할 수도 있을 겁니다. 하지만 그때도 두려워하며 헤매진 않을 거예요. 약물 치료든, 행동치료든, 그 모든 선택 너머엔 단 하나의 질문만 남을 테니까요.

'지금 나에게 필요한 도움은 무엇인가?'

ADHD 치료는 평생 약을 먹을지 말지의 문제보다, 지금 나에게 어떤 도움이 필요한지 계속해서 되묻는 과정이에요. 약도, 메모도, 상담도, 모두 내게 맞는 속도로, 나답게 살아가기 위한 도구일 뿐이랍니다.

CHAPTER 03
나만 이렇게 힘든 걸까? ADHD의 속사정

알람은 세 번쯤 넘기고서야 겨우 일어나고, 읽은 메시지는 일단 답장을 미루며, 마감 전날에야 손이 움직인다고요? 그렇다면 이번 장은 당신의 이야기일지도 모릅니다. '미루기 → 자책 → 탈진 → 더 미루기'의 완벽한 악순환. 일명 ADHD 회전목마에 탑승 중인 여러분을 위해, 이 악순환의 고리를 슬쩍 풀어보겠습니다.

놓치고 미루는 일상: 악순환

 저는 빵에 살고 빵에 죽는 사람입니다. 단순히 사 먹는 걸 좋아하는 정도가 아니라, 집에 홈베이킹 장비가 가득 쌓여 있을 정도였죠. 한때 의사 말고 빵집 사장님이 되겠다며 진지하게 진로를 고민한 적도 있습니다. 그런데 막상 빵을 구워보니 생각도 못한 큰 장애물이 있더군요. 바로 저의 인내심이었습니다.

 기억력이 짧고 집중력이 쉽게 흐트러지는 저에게 '1차 발효 60분, 2차 발효 40분' 같은 레시피는 커다란 도전이었어요. 설마 그렇게 오래 걸릴까 싶어 대충 10분 만에 오븐에 넣어버리거나, 아예 발효 중인 사실을 까맣게 잊고 하루 종일 반죽을 방치해버리기도 했습니다. 당연히 예쁘게 잘 구운 빵이 아니라, 정체를 알 수 없는 무언가가 나오기 일쑤였습니다. 속이 흐물거리거나 돌덩이처럼 딱딱하거나 둘 중 하나였지요.

 빵을 정말 좋아했기에 그래도 포기하지 않고 계속 도전했습니다. 실패할 때마다 다음엔 꼭 발효 시간을 지키리라 마음먹었지만, 금방 게으름과 호기심에 굴복하고 말았어요. 그냥 지금 오븐에 넣어볼까? 그렇게 철저하게 지키지 않아도 괜찮을걸? 충동적으로 선택하고 나면 역시나 망한 결과물을 마주했고, 슬픈 표정을 짓는 자신을 발견하게 되곤 했죠.

 몇 번 빵을 망치다보니 결국 흥미가 뚝 떨어졌고, 소중하게 사 모았던 제빵 장비는 먼지만 뒤집어쓴 채 집 한구석에 방치되고 있습니다. 다른 걸 배울 때도 크게 다르지 않았어요. 목공을 배울 땐, 선을 정확히 그어야 한다는 선생님 말씀을 흘려듣고 눈대중으로 성급하게 재단하다가 귀한 목재를 한 번에 망쳐버렸습니다. 결국 '똥손 중에 똥손'이라며 애꿎은 제 손만 탓하게 되었죠.

지금은 무언가를 만들려고 시도하려는 순간, 혹은 누가 뚝딱 잘 해내는 모습을 보기만 해도 자동으로 예감이 듭니다. '난 또 망치겠지….' 이런 부정적인 예감은 곧바로 스트레스로 이어지고, 결국에는 스트레스를 받을 바에야 시작도 하지 말자며 그저 구경만 하게 되었습니다.

저처럼 본격적으로 시작도 하기 전에 실패나 실수를 향한 두려움이 먼저 찾아온다면, 어쩌면 그 뒤에 ADHD가 자리잡고 있을지도 모릅니다. 지금부터 ADHD를 가진 분들이 흔히 겪는 악순환의 고리를 함께 살펴보고, 왜 그 고리가 좀처럼 끊어지지 않는지 알아봅시다.

악순환의 형성, "정신 좀 차려!"

어릴 적엔 숙제를 망치거나 엉뚱하게 행동해도 천진난만 장난꾸러기 정도로 여겨지지만, 성인이 되어서도 그런 모습이 지속된다면 상황은 달라집니다. 처음 몇 번은 그저 깜빡했겠거니 하고 넘어가던 주변 사람들도, 같은 일이 반복되면 지적을 쏟아내기 마련이니까요.

"정신 좀 차려!", "왜 이렇게 준비가 안 됐어?", "성의가 없네."

이런 부정적 평가 앞에서 당사자는 죄책감이나 수치심을 느끼며 점점 위축되죠.

문제는, 지적을 받고 불안이 커질수록 우리의 주의집중력과 자기억제력은 오히려 약해진다는 거예요. 스트레스나 감정적 동요가 과도하면 계획을 실행하는 뇌의 능력인 '실행기능'이 떨어지면서, 스트레스를 주는 일을 피하거나 미루게 되거든요. 그러면 결과는 당연히 악화될 수밖에 없고 실패했다는 좌절감만 계속해서 쌓여갑니다.

사실 우리가 지적받는 실수는, 꼭 의지나 성의 부족 때문만은 아닐 거예요. 다음은 ADHD의 악순환이 형성되는 과정을 보여주는 도식입니다.

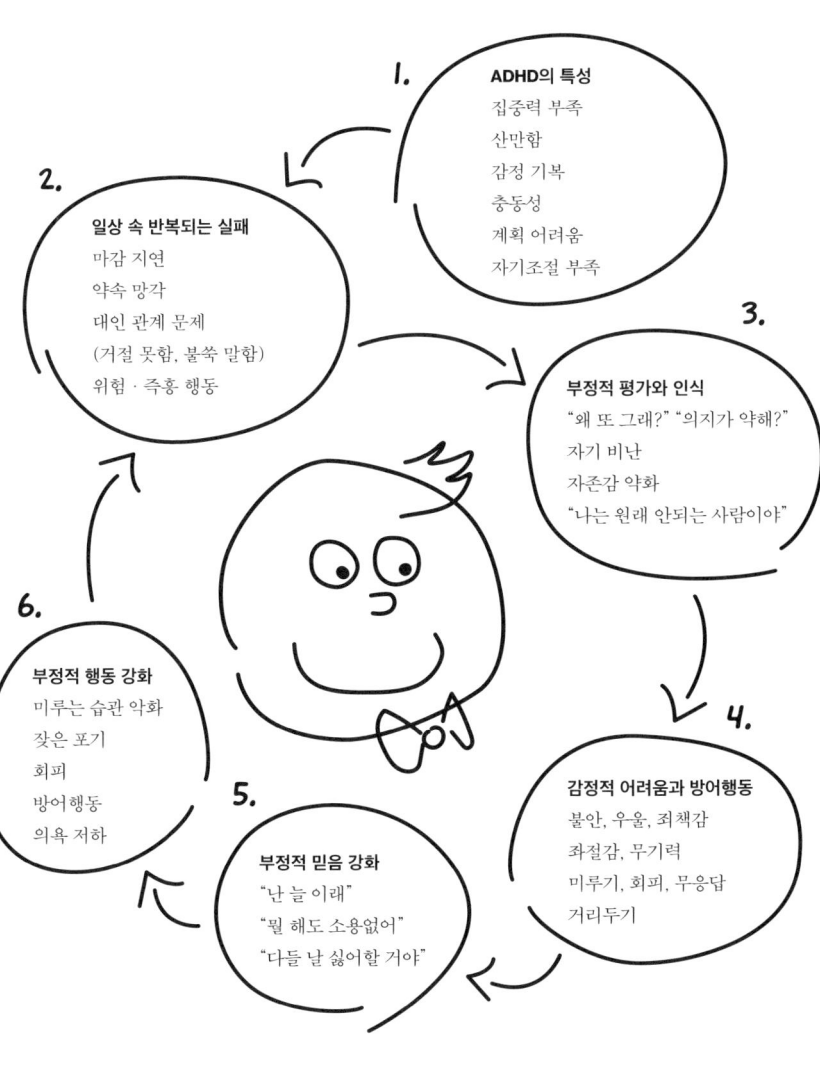

▲ ADHD에서 자주 벌어지는 악순환의 고리

이번엔 ADHD 악순환이 일상 속에서 어떻게 굴러가는지 대표적인 두 가지 장면을 통해 간단히 짚어보겠습니다.

첫 번째는 통장 관리에 관한 장면입니다. 월초가 되면 가계부 앱에 예산을 세심하게 입력합니다. 하지만 사흘도 못 가 기록이 귀찮아지고, 그새 각종 자동결제와 소액 결제로 돈이 줄줄 샙니다. 며칠 후 카드값 알림이 뜨는 순간, 자책이 터집니다. 곧바로 '나는 원래 돈 관리를 못하는 사람'이라는 결론으로 직행하고, 인생은 지금 이 순간의 행복이 중요하다는 모드로 전환해버려요. 통장 관리에는 통째로 손을 놓게 되죠. 그렇게 잔고는 다시 0원 근처로 가고, 다음달 초가 되면 또 똑같은 다짐이 반복됩니다.

다음은 마감일의 장면입니다. 이번엔 꼭 미리 시작하자고 다짐하며 자료를 펼치지만, 금세 딴짓에 빠져 해가 기울어요. 결국 마감 전날 밤이 되어서야 허겁지겁 손을 움직이고, 급조한 티가 나는 결과물에 싸늘한 피드백이 돌아옵니다. 실패가 몇 번 쌓이면 스스로도 어차피 미룰 걸 알게 돼요. 그래서 애초에 전날에 시작하자는 식으로, 일에 착수하는 자체를 미루는 패턴이 굳어집니다.

두 장면의 핵심 흐름은 같습니다.

'결심 → ADHD 증상으로 인한 작은 방심 → 부실한 결과 → 자책 → 회피 및 부정적 믿음 강화 → 반복되는 실패 → 고착화'

ADHD 악순환의 전형적인 구조죠. 이 흐름이 끈질긴 까닭은 단순해요. 당장의 귀찮음을 피하려는 뇌의 성향인 '즉각보상편향'과, 몇 번의 좌절을 모든 좌절로 왜곡하는 '실패확대', 그리고 반복된 좌절이 낳은 '학습된 무력감', 이 세 가지가 서로 맞물리기 때문입니다. 다행인 건, 작은 방심이나 자책의 순간에 브레이크만 적절히 걸어줘도 악순환의 고리를 충분히 약화시킬 수 있다는 점입니다. (다음 장에서 그 브레이크를 함께 찾아보기로 해요.)

부정적 믿음을 바꾸기 위한 첫걸음

앞서 살펴본 장면들이 왠지 익숙하고 내 이야기처럼 느껴졌나요? 그렇다면 다음 양식을 참고해 내 안의 부정적 믿음에는 무엇이 있는지 먼저 파악해보기를 권합니다. 이후 책에서 제안하는 여러 실천 방안을 함께 시도해보면서 시간이 지날수록 문제가 어떻게 개선되는지 점검해보세요. 만약 조금씩이라도 나아진다면, 그동안의 믿음이 정말 사실인지, 혹은 내가 만들어낸 생각에 불과한지 돌아볼 기회가 될 거예요.

물론 ADHD의 악순환은 몇 번 시도한다고 단번에 극복되지는 않아요. 중요한 건, 자기비난에 머물지 않고 내가 가진 어려움이 ADHD의 특성과 연결되어 있음을 인정하는 태도예요. 어떻게 하면 덜 잃어버리고 덜 미룰 수 있을지 대안을 찾는 방향으로 전환하는 거예요. 이러한 작은 인식의 변화가 뜻밖의 돌파구가 되기도 한답니다.

처음엔 사소해 보일지 모르지만, 그 사소한 변화가 쌓이다 보면 악순환의 고리에서 벗어나 웃는 날이 올 거예요. "그래도 예전보다는 덜 미루네!" 정도의 작은 경험도 좋습니다. ADHD는 모든 걸 망칠 운명이 아닙니다. 내가 다루고 해결할 수 있는 하나의 특징이라는 사실을 잊지 마세요.

부정 믿음 체크 리스트

나의 생각이 어떻게 감정이나 행동과 연결되는지 확인할 수 있는 간단한 문항을 준비했어요. 각 문항을 읽고 자신의 생각과 일치하는 곳에 표시해보세요.

(1 = 전혀 그렇지 않다 / 2 = 그렇지 않은 편이다 / 3 = 보통이다 / 4 = 그런 편이다 / 5 = 매우 그렇다)

1 2 3 4 5

1. 해야 할 일이 떠오르면 먼저 스트레스와 불안이 크게 앞선다. ☐☐☐☐☐
2. 일을 완수했을 때 얻을 성취감보다 실수했을 때의 창피함이나 괴로움을 더 많이 상상한다. ☐☐☐☐☐
3. 주변의 조언을 들을 때마다 함부로 판단당한다는 생각에 종종 억울한 마음이 든다. ☐☐☐☐☐
4. 일에 어려움이 예상되거나 실패할 것 같으면 시작하기 전에 포기하거나 게임, SNS 등 다른 일로 도피하는 경향이 있다. ☐☐☐☐☐
5. 스스로 무능하고 의지박약이라고 생각하면 감정이 가라앉고 몸도 무거워진다. ☐☐☐☐☐
6. 부정적 감정이 생기면 일에 집중하기가 거의 불가능하다. ☐☐☐☐☐
7. 내 행동으로 어떤 문제(금전, 약속 파기 등)가 생겨도 이제는 아무렇지 않다. ☐☐☐☐☐
8. 하기 싫은 일이 있어도 혹시 주변 사람에게 불만을 듣게 될까 봐 떠밀려서 하곤 한다. ☐☐☐☐☐

점수가 높은 항목이 많을수록 '부정적 사고 → 부정적 감정 → 회피적 행동' 패턴에 빠지기 쉽습니다.

> 1~2점 응답이 많다면, 비교적 유연하게 상황을 해석하고 대처하는 편입니다.
> 3점 응답이 많다면, 자동적인 부정적 사고가 때때로 발생하지만, 심각한 반복은 아닐 수 있습니다.
> 4~5점 응답이 많다면, 부정적인 자기인식이나 회피 행동이 생활에 영향을 주고 있을 가능성이 큽니다. 특히 평균보다 점수가 높게 나온 문항에 주목해보세요. 반복적으로 나를 방해하는 인지적 함정일 수 있기 때문이죠. 먼저 점수가 높은 문항을 살펴본 다음, 해당 문항과 관련해서 내가 실제로 겪은 일을 떠올려보세요. 위 문항 외에도 생각나는 상황이

있다면 함께 정리해봅니다. 그리고 다음 두 가지 질문에 답해보세요.

1. 내가 자주 겪는 **ADHD** 관련 문제는 무엇인가요?
2. 이와 관련하여 내 마음속에 자리잡은 부정적 인식이나 믿음은 무엇인가요?
   예: "나는 게으른 사람이야." "나는 마무리를 절대 못 해."

ADHD의 악순환은 실패가 반복되면서 '시작하는 법'을 잊어버렸기 때문이에요. 지금 당신에게 필요한 건 스스로에게 과도한 완벽함을 요구하는 대신, 조금씩 꾸준히 개선해나가는 자세랍니다.

일상이 되어버린 탈진: 문제 장기화

 크고 작은 좌절이 쌓이다보면 의욕 자체가 사라질 때가 있습니다. 개선하려는 의지 없이 시간은 흐르고, 어느새 다급한 일부터 부랴부랴 처리하는 혼란스러운 패턴이 당연해집니다. 잠자리에 들 때면 오늘의 내가 마음에 들지 않아 후회해보지만, 다음 날 아침이 되면 이렇게 살아도 죽지는 않더라는 말들로 스스로를 달래며 또 같은 하루를 보내곤 하죠. 그렇게 ADHD로 인한 어려움은 평생 동반자처럼 함께하게 됩니다.

 이처럼 ADHD 증상을 장기간 방치한 채 지낼 경우 우리 삶에 어떤 일이 벌어지는지 한번 알아보겠습니다.

첫 번째 일상, 무기력은 나의 친구

ADHD가 장기화되면 무기력에 시달리기 쉽습니다. (물론 개인차는 있습니다. 비교적 괜찮게 지내는 사람이 있는 반면 생활에 지장이 갈 정도로 겪는 사람도 있어요.) 겉으로 보기엔 편하게 사는 것 같다고, 부지런히 움직이라고 잔소리를 듣지만, 사실 당사자는 이미 하루하루 만성적인 피로에 짓눌려 있는 경우가 많아요. 이러한 생활 패턴이 생기는 데는 여러 이유가 있습니다.

우선 야행성인 분들을 흔하게 볼 수 있습니다. 낮에 집중하지 못했던 일을 만회하려고 새벽까지 깨어 있는 습관이 생기기도 하고, 오늘도 하루를 허무하게 보냈다는 죄책감에 쉽게 잠들지 못해요. 그렇게 휴대폰을 붙잡고 밤새 숏폼 콘텐츠를 보거나 후회로 가득한 밤을 보내는 일이 많아집니다. 늦은 시간 잠들다보니 자연히 아침에는 늦잠을 자고 맙니다. 상쾌한 아침 대신 기상 미션을 하듯 알람과 사투를 벌이며 정신없이 하루를 시작하죠.

아침을 피곤하게 시작했으니 당연히 종일 기운이 없고, 기운이 없으니 다시 일 처리가 더디고, 밤에는 그런 자신을 반성하느라 잠을 이루지 못하는 악순환이 반복됩니다.

이 밖에 여러 이유로 삶에 만성적인 피로가 깔리면, 작은 일조차 번거롭게 느껴져 쉽게 포기하게 돼요. 생활의 기복이 심해지다보면 이제는 내가 언제 피곤하고 언제 괜찮은 지조차 헷갈릴 수 있어요. 우리는 스스로에게 맞는 생활 리듬과 휴식이 무엇인지 탐색할 필요가 있습니다.

두 번째 일상, 나를 지키기 위해 무감각해지는 나

ADHD로 오랫동안 지적과 비난을 받아왔다면, 그런 상황이 닥칠 때 머릿속에서 자동으로 '음소거 모드'가 작동합니다. 타인의 조언이나 잔소리는 무의미한 소음일 뿐, 마치 지하철 안내 방송처럼 흘려듣게 되죠. 주변에서 아무리 좋게 말해도 스스로 선을 그어버리는 겁니다. 몰라서 못하는 게 아니라 알면서도 잘 안 되는 일이니까요.

불안이나 죄책감도 더이상 느끼고 싶지 않아 차라리 무감각해집니다. 앞으로는 아무 감정도 느끼지 않겠다고 다짐한 사람처럼, 매사에 해탈한 초인으로 보이기도 합니다. 무감각은 일시적으로 우리를 편하게 해줄지 몰라도, 감정이 무뎌지면 삶 전반에서 의미와 재미를 느끼기 어려워지죠. 저도 그렇습니다. 사람들 앞에선 아무렇지 않은 척하다가도, 막상 밤이 되면 이불 속에서 숨죽여 울고 싶은 나 자신을 발견하곤 했어요.

무감각은 본능적으로 자기 자신을 지키려는 방어 기제이기도 합니다. 무감각한 상태가 깊어지기 전에, 지금 내가 정말 아무렇지 않은 게 아니라, 어쩌면 그만큼 힘들고 지쳐 있기 때문임을 인정하는 것이 회복의 첫 단추일 거예요.

세 번째 일상, 누적된 악습관으로 인한 신체적·정신적 증상

때로는 몸과 마음 모두 지쳐서 각종 증상들이 나타납니다. ADHD라고 모두가 그런 것은 아니지만, 제가 만난 많은 분들이 근육통이나 소화불량, 어깨결림, 두통 등을 호소했습니다. 아마도 오랫동안 쌓인 스트레스와 불규칙한 생활 리듬 탓이 아닐까 생각해봅니다. 특히 직장인이라면, 행여나 실수할까 걱정하며 긴장한 상태로 지내는 시간이 길어지기 마련인데요, 몸도 마음도 함께 경직되기 쉽습니다.

네번째 일상, 점점 좁아지는 선택지

"저는 돈 관리를 잘해본 적이 없어요. 이번 생에서는 그냥 포기하려고요."

"그림 그리는 걸 좋아하는데 완성 못 할 게 뻔하니 시작도 안 하게 돼요."

"일 맡았다가 마감 못 맞추고 욕먹으면 어떡해요. 그럴 거면 애초에 맡지 말아야겠다 싶어서 지금은 외주도 안 받아요."

새로운 도전에 시도조차 하지 않는 단계에 이른 말들. 진료실에서 종종 듣는 이야기입니다. 어차피 안 될 거라는 생각으로 선택지를 하나씩 닫아가다보면, 내가 무엇을 좋아하고 잘하는지조차 흐릿해져요. 이럴 땐 처음부터 거창한 목표를 세우려 하지 말고, 지금 할 수 있는 최소한만 해보는 게 좋아요.

마지막 일상, 대인관계에서 일어나는 마찰

ADHD의 어려움은 개인의 업무나 학습 능력에만 그치지 않고, 대인관계에서도 크고 작은 갈등을 일으킵니다. 에너지가 바닥나 타인에게 쏟을 힘이 점차 줄어들면서 사회적 관계도 함께 줄어드는 경우가 있거든요.

저 또한 이 문제로 많이 힘들어했기에 누구보다 잘 알아요. ADHD가 장기화하면서 타인과 소통하는 일을 피하는 습관이 생기기도 하는데요. 처음엔 거절하지 못해서 억지로 일을 수락했다면, 시간이 지나면서는 아예 연락을 받지 않거나 바쁘다는 한마디로 얼버무리고 더 깊은 대화를 피해버리죠.

동시에 죄책감으로 힘들어하기도 합니다. 시간이 지나고 나서야 상대방이 받았을 상처를 생각하며 무책임했던 스스로를 후회하고, 후회가 쌓일수록 자신이 점점 싫어지고, 결국 누구와도 친밀한 관계를 맺을 수 없을 거라는 극단적 생각에 빠지기도 합니다.

보다시피 죄책감만으로는 상황이 나아지지 않습니다. 오히려 솔직하게 상황을 털어놓고 도움을 요청하면 뜻밖의 이해나 지지를 받는 경우도 적지 않습니다. 이미 늦은 것 같더라도 조금씩 용기를 내 표현해본다면 분명 관계를 회복할 가능성이 보일 거예요.

그래도 다시, 작은 시도 결심하기

앞서 이야기한 ADHD의 일상 중, 혹시 나와 닮은 친숙한 지점을 발견했나요? 그렇다면 이미 우리는 첫걸음을 내디딘 셈입니다.

체념과 단정은 금물! ADHD의 특성상, 예전엔 효과가 없던 방법이 지금은 통할 수도 있어요. 또 전혀 새로운 접근이 해결책이 될 수도 있죠. 전문가와의 상담이나 환경 조정, 주변 사람들의 지원을 통해 풀어갈 가능성도 충분히 열려 있고요. 당장은 바뀌지 않는대도, 이미 지쳤을지라도, 지금 여기서부터 한 번 더 시작해보자는 작은 결심이 결국, 장기화된 ADHD에서 벗어나는 가장 현실적인 열쇠입니다.

우리는 악순환 속에서 버텨내느라 진짜 나의 모습을 숨기고 살아왔어요. 더 잘하려 애쓰는 대신, 진짜 나를 조금씩 꺼내 볼 시간입니다.

파이팅!

외부의 시선과 갈등: 고립

A는 어릴 때부터 마치 주변 사람들이 불편해할 경고문을 몸에 달고 있는 기분이었습니다. 초등학교 저학년 시절엔 수업 시간에 가만히 앉아 있기도 어려웠어요. 자꾸 다리를 흔들거나 연필을 돌리다가 바닥에 떨어뜨리곤 했는데, 그럴 때마다 선생님과 친구들은 말했습니다.

"야, 넌 참 특이하다. 왜 그렇게 정신없어?"

A는 그 말이 신경쓰여 억지로 다리를 멈춰보기도 했지만, 그럴수록 머리가 멍해지고 손끝이 근질거려 더 산만해졌습니다. 어른들은 늘 조금만 더 차분해지라고 쉽게 말했지만, A에게는 버거운 과제였습니다.

중학생이 되고부터는 점점 멍 때리는 순간이 늘어났습니다. 몸을 움직이고 싶은 욕구를 억누르다보니 그만큼 수업 중에도 멍하니 창밖을 바라보거나 공상에 빠지는 일이 잦아진 겁니다. 그럴 때면 A가 자신을 빤히 쳐다보고 있다고 느끼는 친구들도 있었어요.

어느 날, 짝꿍이 물었습니다. "왜 그렇게 노려봐? 무슨 불만 있어?" A는 당황했습니다. 실은 짝꿍이 가지고 있던 신형 휴대폰을 보다가 잠시 시선이 머문 것뿐이었는데, 상대방에게는 무례한 시선이었던 거죠.

"그렇게 뚫어져라 볼 거면 차라리 말을 하든가."

짝꿍의 그 한마디가 크게 맴돌았습니다. 노려본다는 오해를 받지 않으려 애쓸수록 시선을 둘 데가 없어 더 불편해지고 말았습니다.

고등학생 무렵에는 조별 과제가 A를 더 곤혹스럽게 했습니다. 맡은 일을 깜빡하거나 분담하기로 한 자료를 제때 제출하지 못할 때도 있었는데, 그럴 때마다 조원들은 A를 비난했거든요.

"너 왜 이렇게 늦는거야? 아예 신경도 안 쓰고, 우릴 무시하는 거야?"

무시하려는 의도는 전혀 없었지만, 그들에게는 그다지 설득력이 없었던 모양입니다. A는 점점 사람들과의 관계에서 자신감을 잃어갔습니다.

대학 시절에는 연락을 제때 못 해 갈등이 생겼습니다. 특히 A는 곧 전화하겠다고 말해놓고 깜빡 잊거나, 막상 연락해야 할 시점에 다른 일에 정신이 팔리곤 했죠. 그러면 상대방은 섭섭해하거나, 심지어 자신을 싫어해서 일부러 피하는 거라며 화를 내기도 했습니다.

"그래도 약속했으면 지켜야지, 왜 그렇게밖에 못 해?"
"설마 일부러 무시하는 건 아니지?"
이런 말을 들을 때마다 A는 자신이 너무 밉고 한심하게 느껴졌습니다.

직장 생활을 시작하고 나서도 사정은 크게 다르지 않았습니다. 회의 시간에 집중하지 못해 시선을 이리저리 돌리거나, 상사가 지시한 업무 메일을 놓쳐서 처리 기한을 넘기기 일쑤였죠. 늘 듣던 말들이 이번에도 따라다녔고, A는 예전보다 더 숨막히는 듯한 압박을 느꼈습니다. 어릴 땐 장난 반, 잔소리 반으로 듣던 말이 사회에서는 직접적인 평가이자 생존의 문제가 되었으니까요.

A는 점차 혼자 지내는 게 낫겠다는 결론에 이르렀습니다. 사람을 만나봐야 또 상처 주고 미움만 살 텐데, 더이상 불안하기 싫었습니다. 자신의 진심을 몰라주는 사람들에게 서운한 마음도 들었고요.

고립을 택하면 적어도 외부의 자극은 피할 수 있으리라 여겼어요. 그러나 신기하게도 타인을 끊어내면 끊어낼수록 자책과 우울이 불어났습니다. 바깥 세계와의 접점을 최소화한 만큼, "넌 왜 그렇게밖에 못 해?"라는 목소리는 외부를 대신해 내면에서 더욱 세게 울리기 시작한 것입니다.

어느 날, 지인으로부터 "이렇게 혼자 지내면 정말 위험해질 수 있어"라는 말을 듣고, A는 비로소 고립이 자신에게 얼마나 나쁜 영향을 미치고 있는지 돌아보았습니다. 그렇다고 하루 아침에 모든 갈등을 해결할 수는 없었지만, 적어도 주변 사람들과 대화가 필요하단 사실은 어렴풋이 깨닫게 된 것이죠.

A는 용기를 내어 다시 사람들과 대화를 시작했습니다. 그동안 자신의 삶 곳곳에 오해가 가득했다는 걸 깨닫는 순간이었어요.

"뭐야, 왜 그렇게 쳐다봐? 할 말 있어?"라는 말을 들었던 순간
→ 별생각 없더라도 오랜 시간 바라보는 것은 때때로 노려보는 행위로 오해받을 수 있음을 알게 되었습니다.

"정말 지루한가 봐, 내 이야기에 집중도 안 하네"라는 말을 들었던 순간
→ 자신도 모르게 꼼지락거리는 습관이 대화에 집중하지 않고 지루해하는 인상을 남긴다는 것을 깨달았습니다.

"나한테 뭐 섭섭한 일 있어? 왜 만나기로 한 걸 까먹는 거야?"라는 말을 들었던 순간
→ 깜빡하고 연락을 못 하거나 약속 시간을 놓치는 실수가 누군가에겐 관계의 소홀함으로 비친다는 걸 알게 되었습니다. 일부러 섭섭해서 거리를 두는 거라고 오해할 수 있었던 거예요.

"날 무시하는구나! 일부러 안 해주는 거네"라는 말을 들었던 순간

→ 부탁받은 일을 자꾸 잊어버리면 내 의도와 상관없더라도 사람들 눈엔 성의가 없어 보임을 알게 되었습니다.

"왜 또 같은 업무 실수를 하나요? 자꾸 불성실하게 할 건가요?"라는 말을 들었던 순간

→ 성실히 노력했음에도 일어난 일이지만, 결과적으로 타인에게 불성실한 사람처럼 보일 수 있다는 사실을 인정하게 되었습니다.

물론 이런 오해를 인지하고 난 뒤에도 여전히 A의 삶은 실수투성이고, 한 번씩 깜빡깜빡 잊기도 합니다. 그래도 지금 A는 예전처럼 스스로를 무조건 '나쁜 사람'이라고 몰아붙이지 않으려 애씁니다. 가끔 아주 가까운 친구나 가족에게는 자신에게 어떤 특성이 있는지 조심스레 털어놓기도 해요. 실수를 정당화하려는 게 아니라 혹시 모를 오해를 풀기 위해서입니다. 모두가 이해해주는 건 아니지만, 예상외로 따뜻한 답변이 돌아올 때도 있었습니다.

"그래서 그랬구나." "힘들었겠다." "다음부턴 나도 미리 챙겨줄게."

그런 말을 들을 때면 어릴 적부터 달고 다니던 "왜 그렇게밖에 못 해?"라는 사슬이 조금씩 느슨해지는 기분이 들었습니다.

A가 우리에게 전하는 메시지는 아주 단순합니다. 오해와 갈등을 혼자서만 끌어안고 있으면 자칫 고립될 수 있고, 그렇게 혼자가 되는 건 때론 훨씬 위험한 길이 될 수 있다는 거예요. 모두가 그렇지는 않겠지만, 겉으로 보기엔 사회적 관계가 활발한 분들도 속으로는 외로워서 힘들어하는 경우가 생각보다 정말 많습니다.

우리는 스스로를 그런 어둠 속으로 밀어넣지 않도록 조심해야 합니다. 앞으로 A는 살아가며 몇 번이고 또 "왜 그렇게밖에 못 해"를 듣게 될지도 모릅니다. 우리도 마찬가지예요. 때론 주저앉고 싶을 때도 있겠죠. 하지만 적어도 모든 관계를 끊고 완전히 등을 돌리는 길만 있는 건 아니라는 걸, 조금씩 알아가도록 해요. 그리고 그 '조금씩'이 어둠을 몰아내는 시작이 되리라는 것도요. 혹시 의도치 않게 마음의 문을 닫고 멀어졌던 사람이 있다면, 오늘 단 한 줄이라도 먼저 안부를 물어보면 어떨까요?

파이팅!

무시하려 한 게 아닙니다. 그 순간 뇌가 거기에 머물지 못했을 뿐이에요. 진심을 몰라주는 사람들에게 서운하기도 하고, 그 오해를 설명하지 못해 괴롭기도 했을 거예요. 당신의 모든 면을 이해받지 못하더라도, 마음은 닫아두지 않았으면 해요.

CHAPTER 04
이것도 ADHD 때문이었다고?

"ADHD는 늘 산만하고 지각만 한다?" 사실 이건 반쪽짜리 진실에 불과합니다. 이번 장에서는 오히려 약속 시간보다 한 시간 일찍 도착하거나, 메모에 지나치게 집착하는 등, 언뜻 보기엔 ADHD와 거리가 있어 보이는 사례들을 소개합니다. 이런 의외의 모습들 역시 어떻게 ADHD 스펙트럼 안에 포함될 수 있는지, 그 이면을 함께 들여다보겠습니다.

ADHD가 이럴 수 있나요?

ADHD에 대한 관심이 늘어나면서 요즘 병원에 ADHD가 의심된다고 찾아오는 분들이 부쩍 늘었습니다. 그렇게 고심 끝에 ADHD 진단을 받고 치료를 시작하더라도 여전히 자신이 정말 ADHD가 맞는지 의아해하는 분들이 있어요. 그분들의 이야기는 이러합니다.

"보통 ADHD는 시간을 잘 못 지키잖아요? 저는 시간을 지키려고 늘 신경쓰는데, 제가 정말 ADHD라고요?"

"메모를 이렇게나 하는데, 이건 ADHD가 아니란 증거죠?"

"ADHD는 남 눈치 안 보고 말도 막한다던데, 저는 남의 시선을 엄청 신경써요."

저 역시 남의 시선을 많이 의식하는 편이라 한때는 제가 ADHD답지 않다고 생각했어요.

ADHD라고 하면 보통 시간 약속도 지키지 못하고 이것 저것 잘 까먹는다는 이미지가 널리 퍼져 있습니다만, 때때로 전형적인 ADHD와 거리가 먼 의외의 모습을 보이기도 합니다. 아, 맞다! 많은 환자분들이 들려준 또 하나의 예시가 생각났어요. ADHD는 지루한 시간에는 산만해 보이지만, 흥미로운 아이디어가 떠오를 땐 집중력이 최고조에 달한답니다. 복잡하고 다채로운 형태로 나타나는 ADHD, 어떻게 이해하고 받아들이면 좋을까요?

ADHD의 반전 모습을 더 잘 이해하기 위해 재미있는 비유를 하나 들어볼게요. 그거 아세요? 일본에는 수박에 소금을 뿌려 먹는 독특한 풍습이 있다고 합니다. 처음 들으면 무슨 말도 안 되는 조합인가 싶지만, 소금의 짠맛이 단맛을 감지하는 미각 수용체의 감도를 높여, 단맛을 더욱 강하게 만든대요. 그래서 소금을 뿌리면 수박이 더 달게 느껴지는 거죠. '솔티드 캐러멜'이나 '소금 아이스크림'처럼요.

소금을 넣었는데 오히려 단맛이 더해지는 것처럼, ADHD 증상도 예상과 다른 맛이 날 수 있습니다. 각자의 성격이나 환경에 따라 독특한 방식으로 나타나죠.

이제부터 ADHD의 반전 모습에 대해 더 자세히 이야기 해보려고 합니다. 이 과정을 통해 여러분이 ADHD를 조금 더 입체적으로 이해하게 된다면 좋겠네요. 소금 뿌린 수박처럼, ADHD의 다양한 증상을 적절히 받아들여 강점으로 발휘할 수 있기를 바랍니다.

ADHD는 항상 산만하고 느슨한 사람일까요? 어쩌면 모든 일을 너무 신경쓰고 완벽하려고 해서 지친 사람일 수도 있어요. 정해진 틀 안에서만 나를 바라보기 전에 나의 특성이 어떻게 작동하는지 살펴보는 것이 먼저예요.

ADHD의 반전

시간을 과도하게 엄수하는 나

ADHD를 가진 사람들이 시간 관리에 어려움을 겪는 이유는 뇌의 '실행기능' 저하와 관련이 있습니다. 실행기능은 계획 수립, 시간 예측, 우선순위 설정 등을 담당하는 뇌의 기능인데요, ADHD는 이 기능이 약해 계획한 대로 일을 진행하기 힘든 것이죠. 하지만 ADHD라고 매번 지각하는 건 아닙니다. 오히려 시간 관리를 어렵게 느끼기 때문에 그것을 만회하려고 시간을 필요 이상으로 철저히 지키는 방향으로 흐를 수 있습니다. 이는 불안감이나 완벽주의 성향과도 연결되는데요, 시간을 놓칠까 두려운 마음에 알람을 여러 개 설정하거나 약속 장소에 지나치게 일찍 도착하는 행동으로 드러나곤 합니다.

1. 알람을 여러 개 설정하는 사람

절대 늦지 않겠다는 결심으로 알람을 대여섯 개씩 설정하는 경우입니다. 알람을 하나만 맞춰두고 바로 일어나도 되지만, ADHD 증상이 있는 스스로를 믿지 못해 불안한 나머지 불필요한 알람을 계속 추가하게 되죠.

아침이 되면 첫 번째 알람이 울립니다. 그러나 "10분만 더…" 하며 다시 눈을 감습니다. 두 번째, 세 번째 알람까지 울리고 나서야 결국 정신없이 일어납니다. 심지어 집을 나서는 와중에도 알람이 울릴 때가 있습니다. 껐다고 생각한 알람이 다시 울리며, 아침은 혼란스럽게 시작됩니다.

2. 지나치게 서둘러 나가는 사람

이번에도 까딱 방심했다가 지각할까 봐 약속 시간보다 한 시간, 때로는 두 시간이나 일찍 약속 장소에 도착하고 맙니다. 너무 일찍 도착한 탓에 할 것도 없고 한참을 멍하니 앉아 있습니다. 카페에서 시간을 때워보려 하지만, 막상 책을 꺼내도 글자는 눈에 안 들어오고, 휴대폰만 만지작거리며 초조하게 시간을 흘려보내요. 왜 나는 늘 일찍 와서 미리 지치고 마는 걸까 되뇌어보지만, 다음 약속에서도 똑같이 반복합니다. 어떨 땐 약속이 생기면 그날 하루는 아무것도 못하고 그저 약속만 기다리며 보내는 경우도 있습니다.

지나치게 정리하고 메모하는 나

ADHD는 '작업기억'과 관련된 문제를 동반합니다. 작업기억이란, 뇌에서 정보를 일시적으로 저장하고 조작하는 능력인데요. ADHD를 겪고 있는 사람들은 이 작업기억에 어려움이 생겨 중요한 정보를 자주 잊어요. 그래서 이를 보완하기 위해 지나치게 정리하고 기록하는 습관이 생기기도 해요. 정보의 누락을 방지하려는 자연스러운 시도입니다. 그러나 과도한 기록은 오히려 스트레스를 높이고 정작 중요한 정보는 놓치는 결과를 초래할 수도 있습니다.

1. 중요하지 않은 작업에 과하게 몰입하는 사람

간단히 끝낼 수 있는 문서 작업 등에 지나치게 완벽을 추구하다가 늪에 빠지는 경우입니다. 예를 들어, 이력서를 작성할 때 문장의 어휘, 줄 간격, 단어 하나하나 신중하게 고르면서 두 시간을 쓰는데, 페이지는 한 장도 넘어가지 않네요. 제출 시간이 임박해 겨우 끝내고도 더 고칠걸 후회하며 스트레스를 받습니다.

2. 메모 없이는 불안한 사람

작업기억의 어려움으로 인해 정보를 유지하거나 떠올리는 데 무리가 있다보니, 모든 것을 메모로 남기는 분들도 있습니다. 하지만 메모가 많아질수록 메모를 관리하는 스트레스도 커집니다.

때로는 꼼꼼하게 메모 앱에 모든 일정을 기록해두고도 사소한 일정 변동 하나에 혼란을 느껴 결국 중요한 약속을 놓쳐버리곤 합니다. "아! 맞다! 안 했다!"라고 놀라는 단계를 넘어 "다 적어놨는데도 왜 또 이걸 놓쳤지?" 하며 자책하는 단계에 이르러요.

피곤할 정도로 친절한 나

ADHD는 감정 자극에 과하게 민감하고 나와 타인의 감정을 구분하는 경계가 약한 특징이 있습니다. 그래서 'ADHD는 타인의 감정에 둔감하다'는 통념과 달리 몇몇 분들은 작은 표정 변화도 민감하게 읽고 즉시 해결하려 시도하기도 합니다. 이 패턴이 반복되면 자기 감정을 돌보는 것은 점점 어려워지고, 타인의 요구에 휘둘리거나 타인의 시선을 지나치게 신경쓰는 원인이 되기도 합니다.

1. 타인에게 맞추느라 자신의 계획을 망치는 사람

타고난 공감능력과 충동성이 합쳐지면서, 보고 싶다거나 도움이 필요하단 말만 들어도 만사 제쳐두고 본능적으로 달려갑니다. 친구가 이사한다고 하면 본인의 스케줄을 다 빼가며 가구를 나르고 정리를 돕는데, 정작 나의 할 일은 뒤로 미루면서 결국 스트레스를 받아요. 이 패턴이 반복되다보면 즉흥적으로 무리한 약속을 잡고 펑크를 내는 불상사도 발생할 수 있어요.

2. 작은 피드백도 과하게 신경쓰는 사람

정서적으로 민감한 ADHD는 사소한 말 한마디도 며칠씩 곱씹기 쉽습니다. 상사의 지나가는 피드백에도 크게 자책하고 며칠 동안 떠올리며 괴로워해요. 다음엔 더 잘하리라 다짐해보지만, 오히려 지나치게 긴장한 탓에 더 많은 실수를 저지르기도 합니다.

③ 상대방의 사소한 표정 변화도 과하게 신경쓰는 사람

얼핏 무신경해 보일 수도 있지만, 실제로 ADHD는 타인의 반응이나 평가에 매우 민감해서 상대의 작은 변화까지 놓치지 않으려고 하는 경우가 많습니다. 표정이나 말투 하나까지도 예민하게 받아들이며 상대방의 기분을 파악하려고 애쓰다보니 관계에서 쉽게 피로감을 느끼기도 해요. 이로 인해 컨디션이 나쁠 때는 사람들을 멀리하기도 합니다.

중간 없이 양극단을 오가는 나

1. 과잉 계획과 무계획 사이를 끊임없이 오가는 사람

앞서 말씀드렸듯, ADHD의 뇌는 실행기능이 약한 편이에요. 계획을 세워도 실행으로 옮기는 연결 고리가 약하죠. 그러니 ADHD가 계획 세우기와 거리가 멀 거라고요? 꼭 그렇진 않습니다. 오히려 실행이 어려워서 받는 스트레스를 보상하려고 과도한 계획을 세우기도 하거든요.

몇몇 분들은 계획을 세우는 그 자체에 만족하며 너무 세세하게 계획하기도 하는데요. 시간 단위로 일정을 짜면서 완벽한 일정을 다짐하지만, 몇 시간 지나지 않아 계획이 조금이라도 엉망이 되면 갑자기 다 포기해버립니다.

2. 과몰입과 탈진을 반복하는 사람

ADHD가 항상 집중을 못하는 건 아닙니다. 신기하게도 자신이 좋아하는 활동에 몰입할 땐 주변을 완전히 잊습니다. 식사도 거르고 밤을 지새우죠. 반면 꼭 해야 할 중요한 업무는 미루고 미루다가 마감 직전에 겨우 손을 댑니다. 좋아하는 건 열성적으로 하는데, 필요한 일은 왜 이렇게 하기 힘든지. 결국 또, 마음 한구석이 무거워져요.

3. 충동구매와 절약 정신이 공존하는 사람

돈을 아껴야 한다는 일념으로 쿠폰이나 마일리지를 열심히 모으는 한편, 눈에 띄는 물건을 보자마자 바로 질러버리고 후회해요. 한 달 내내 돈을 아껴 쓰다가, 새로운 전자기기를 발견하고 화끈하게 결제해버린 분도 있었답니다.

4. 지나치게 자세히 설명하는 사람

ADHD의 머릿속에서는 여러 생각이 질주합니다. 질주를 막아주는 브레이크인 '충동 억제'가 약하거든요. 질문을 듣는 순간, 그것과 관련된 에피소드와 정보가 우르르 떠오르는데요, 그 과정에서 불필요한 내용을 걸러내는 데 남들보다 시간이 더 걸리죠. 어디에 갔다 왔는지 묻는 가벼운 질문 하나에도 그 길에서 만난 강아지, 그곳에서 먹은 김밥, 갑자기 떠오른 과거 초등학교 소풍 이야기까지 전부 흘러나와 대화가 길어지기도 합니다.

때로는 이런 모습 덕분에 오히려 주변에서 인기가 많기도 해요. ADHD는 불필요한 설명도 길게 하지만, 그만큼 작은 주제도 맛깔나게 이야기하며 대화를 풍성하게 만들어주기 때문이죠. 덕분에 일상이 지루할 틈이 없지만, 별거 아닌 것도 너무 오래 설명하는 문제가 생기기도 합니다.

5. 잦은 다짐에 비해 실천이 어려운 사람들
ADHD라고 하면 어쩐지 발전이나 다짐과는 거리가 멀어 보일 수 있어요. 동기부여가 부족하고 지속적인 실행이 힘들기에 여러 번 마음을 다잡아도 실질적으로 변화하는 데 어려움이 따릅니다. 내일부터는 진짜 일찍 일어나겠다고 매일 반복하지만 정말 실천한 적은 없어서, 주변에서 '입만 산 사람' 취급을 받기도 하죠.

6. 물건을 쉽게 잃어버리면서도 지나치게 소중히 여기는 사람

ADHD를 겪는 사람들은 물건을 잃어버린 경험이 잦아서 그런지, 이를 보완하려고 물건에 과도한 애착을 보이기 쉽습니다. 주변에서 보면 이해가 잘 안 될 거예요. 소중하다고 말하면서 함부로 물건을 다루고, 또 쉽게 잃어버리는 모습이 납득하기 어려우니까요.

이처럼 ADHD인의 행동은 단순히 '산만하다'는 단어 하나로 정의할 수 없는 다양한 특성을 지닙니다. 그 안에서 스스로를 이해하고 균형을 찾는 게 무엇보다 중요해요. 이를테면 타인의 감정을 쉽게 이해하고 도우려는 태도는 상담, 교육, 고객 서비스 등 사람과 소통이 중요한 분야에서 큰 자산이 됩니다. 좋아하는 분야에 대한 큰 에너지는 스타트업이나 프로젝트형 업무와 같은 역동적인 환경에서 창의적인 아이디어를 제안하고 추진하는 힘이 되기도 하고요.

그러니 위의 사례에 부합하는 여러분의 특성이 있다면,

무작정 부정적으로 여기고 고치려는 대신, 내가 하고자 하는 일과 조화롭게 잘 가꿔나가길 바랍니다.

파이팅!

ADHD는 사람마다 다른 특징으로 나타납니다. 내게 맞는 방식을 찾아 조율하면 그 다름은 분명 힘이 될 거예요.

CHAPTER 05
ADHD 있는 그대로 받아들이기

ADHD 진단은 '문제 딱지'가 아니라 내 삶을 더 편하게 꾸려가도록 안내하는 '나 사용 설명서'입니다. 5장에서는 "왜 나는 이럴까?" 하는 자책을 잠시 내려놓고, 나만의 속도로 한 걸음씩 나아가는 방법을 함께 찾아봅시다.

억울함에서 이해로

처음 ADHD 진단을 받았던 순간으로 잠시 돌아가보겠습니다. 그땐 제가 얼마나 부족한 사람인지를 평가받는 기분이었어요. 이제야 내 문제의 해결책을 찾았다는 안도감에 여기저기 ADHD라고 털어놓고 싶다가도, 그 낙인이 걱정돼 숨기고 싶은 마음이 함께 들었습니다. 동정 어린 눈길도 의심의 눈초리도 저를 괜히 움츠러들게 했어요.

그러나 ADHD를 알아갈수록, 이 진단은 결코 잘못한 사람에게 붙이는 꼬리표가 아니라는 사실을 깨달았습니다. ADHD는 주의력, 실행기능, 기억력, 충동성 등 여러 면에서 뇌가 '조금 다르게' 작동하는 특성일 뿐이라고 생각해요. 그리고 작동 방식이 다른 덕분에 나름의 장점과 매력

들을 갖게 되죠. 예를 들어, 우리는 때때로 참신하고 독특한 아이디어나 남다른 감각을 쉽게 발휘합니다. 주변에서는 종종 저를 "잔꾀 대마왕!"이라 부르며 제 창의성에 놀라움을 표현하기도 합니다. 이처럼 틀에 얽매이지 않는 사고방식이야말로 ADHD의 장점 아닐까요.

실제로 여러 연구에서 ADHD를 겪는 사람들이 풍부한 창의성 외에도 높은 회복탄력성이나 깊은 몰입력 같은 특성을 지니고 있다고 보고되기도 했습니다. 덕분에 문제 해결 능력도 뛰어나죠. 우리의 부주의함과 산만함 뒤에는, 가볍게 생각의 경계를 넘는 유연함과 독특함이 꽃필 가능성이 숨어 있었던 거예요. (이 이야기는 6장에서 더 자세히 다뤄보도록 할게요.)

다시 처음 진단을 받았을 때 이야기를 꺼내봅니다. 그때 느꼈던 부담스러움, 억울함, 불안을 원동력으로 ADHD가 내 삶에 어떤 영향을 주는지, 이에 나는 어떻게 대처해야 하는지 본격적으로 고민할 수 있었습니다. 만약 그때, 제가 못나서 그런 거라고 체념해버리고 말았다면 지금 이 순간까지도 후회를 반복하고 있었을지 몰라요.

여러분도 ADHD 진단을 하나의 신호로 생각해보면 어떨까요. 나의 특성을 조금 더 편안하게 다룰 준비가 되었다는 신호로요. ADHD라는 키워드를 통해 그동안 이해가지 않았던 내 모습에 대한 실마리를 얻을 수 있을 거예요.

ADHD 진단을 부족함이 아니라 나를 구성하는 일부로 바라볼 때, 우리는 억울함에서 이해로 나아갑니다. ADHD의 장단점을 받아들이고 균형 잡힌 대처법을 찾아가는 이 여정이, 나를 알아가는 기쁨으로 이어지길 진심으로 응원합니다.

ADHD 진단은 그동안 이해되지 않던 내 모습에 이름을 붙여줍니다. 나를 새롭게 이해해볼 기회인 것이죠.

자책 대신 해결로

'아휴, 또 실수를 해버렸네!'
'왜 나는 매번 이 모양일까?'

대부분의 ADHD 당사자라면, 이 말을 한 번쯤은 속으로 내뱉어보셨을 겁니다. 물건을 놓고 오거나 중요한 약속 시간을 잘못 기록했을 때, 자신이 한없이 부족해 보이고 우울해지기까지 합니다. 하지만 이런 식으로 자꾸 스스로를 몰아붙이는 태도는 오히려 무력감과 체념을 부추길 뿐이에요.

ADHD를 관리할 때 빼놓을 수 없는 중요한 전략이 바로 '자책하지 않는 긍정적인 마음가짐'이라는 점은, 다양한 연구와 사례를 통해 입증되고 있습니다. 아시다시피 자책 같은 부정적인 마음이 강해질수록 해결책을 모색하기보다 '나는 원래 이런 사람이야' 하고 체념해버릴 가능성이 커집니다. 반면, 마음 한구석에서 '이번에도 실수했지만, 다음에는 다르게 해볼 수 있을 거야' 하고 스스로를 다독이는 태도를 유지한다면 더 빨리 회복하고 다시 시도할 힘이 생겨납니다.

자책하지 않는 태도를 배우기 위해선, 내 부족함에만 집중하기보다 그 원인이 ADHD의 특성에서 비롯된 것임을 인정하는 과정이 먼저 필요합니다.

"ADHD라서 어쩔 수 없었어!" 하고 핑계나 대자는 게 아니에요. 실수를 합리화하자는 것도 아니고요. 다만 자책이 심해지면 내 행동의 원인은 모른 채 막연히 자신의 의지나 태도에 초점을 맞추게 돼요. '근면하지 못해서 그래', '더 간절해야 해', '매사에 열정적이어야 해!' 이렇게 구체적인 행동 방안 없이 심리 상태에만 집중해 문제를 해결하고자 하면 앞으로 나아갈 수 없답니다.

예를 들어볼게요. 제가 어렸을 때 우산을 자주 잃어버렸던 건, 물건을 소중히 여기는 마음이 부족해서가 아니었어요. ADHD의 특성상 다른 활동을 하다보면 그밖의 정보가 자연스레 잊히기 때문입니다. 이런 저에게 필요한 게 물건의 소중함을 계속해서 되뇌며 제 태도를 가꾸는 것일까요? 아니죠. 하교 시간에 맞춰 우산을 챙기는 알람을 설정하는 실질적 전략이 필요합니다.

물론 말처럼 쉽게 되지는 않습니다. 우리는 예전부터 실수는 곧 잘못이고 태도의 문제라고 주입받아왔으니까요. 하루아침에 자책 금지 모드로 전환하기 어려운 게 당연해요.

그렇지만 자책하는 목소리를 조금씩 줄여가는 방법은 분명 존재합니다. 이번엔 직장에서 회의 시간에 잠깐 한눈을 팔거나 챙겨야 할 문서를 깜빡했다고 가정해볼게요. 이때 성실함이 부족하다고 무작정 자책하지 마세요. 대신 이렇게 접근해보는 거예요.

'내 뇌가 순간적으로 정보를 잊어버리는 경향이 있구나. 그럼 이제 어떻게 보완하면 좋을까?

'왜 이럴까' 대신 일부러라도 '오케이, 나에게 이런 문제가 있구나. 이제 어떻게 수정할 수 있을까?' 하고 덧붙여보는 겁니다.

스스로를 벌주려고 하지 마세요. 대신 다음 단계로 건너가기 위한 방법을 찾는 데 집중하다보면 자연스럽게 '자책하는 언어'는 줄고, '해결하는 언어'가 우리 안에 자리잡습니다. 해결하는 언어가 많아지면 우리의 부족함도 나아질 거라는 믿음이 조금씩 쌓일 거예요. 자신을 몰아붙이는 루틴을 이제는 끊어보자고요!

파이팅!

앞으로 나아가기 위해서는 자신을 몰아붙이지 않는 것이 중요해요. 저는 **ADHD** 진단을 받고 저와 화해할 수 있었습니다. 여러분도 할 수 있습니다. 문제를 스스로 해결하는 사람으로 한 발짝 나아가봅시다.

마음보다 행동에 주목하기

시험을 앞두고 책상 앞에 앉아 있던 고등학생 시절을 떠올려보세요. 마음도 다잡고 내 취향인 필기구도 준비했는데 공부할 의지가 생기지 않아 스트레스를 받았던 경험, 누구나 있지 않나요? 제발 의지가 생기게 해달라고 하늘에 빌거나 어디서 공부 의욕이 툭 떨어져주길 기다리기보다는, 그 시간에 문제집 한 장이라도 펴서 실제로 풀어보는 게 상황을 해결하는 방법일 거예요.

다른 이야기도 하나 더 들려드릴게요. 대학생 때 번지점프를 하러 간 적이 있습니다. 겁이 많은 저는 뛰어내리기가 무척 두려웠죠. 안전요원은 안전줄이 잘 연결되어 있고 사고가 난 적도 없다고 설명해주었지만, 막상 뛰려고 하니 계속 떨렸습니다. 그때 저는 번지점프를 하면 사고가 날 거라고 정말로 믿어서 무서웠던 걸까요? 그건 아니었습니다. 안전하다는 것을 알고, 사실 떨 필요가 없다는 것도 알았지만 감정은 생각과 따로 놀았습니다. 즉, 머리로는 알아도 마음은 조절되지 않았던 거예요.

이처럼 감정은 이성의 말을 듣지 않을 때가 많습니다. 마찬가지로 '하고 싶은 마음이 스스로 생겨나 내게 찾아오는 일'이나 '귀찮다는 마음이 저절로 사라지는 일'은 내 의지나 노력만으로는 잘 되지 않을 수 있습니다. 그래서 때로는 어떤 마음을 갖추려고 애쓰기보다 그냥 두고 행동에 집중하는 것이 문제 해결의 지름길이 되기도 합니다.

그러니 마음이 바뀔 거란 막연한 기대 대신, 조금 두렵더라도 구체적인 행동에 집중해보세요. 만약 발표를 앞두고 있다면, 자신감 넘치는 모습으로 바로 변하기는 어려워도 간단한 인사 정도는 직접 해본다든가 말이에요. 이렇게 소소한 행동부터 시도하다보면, 난 절대 못 할 거라고 생각했던 믿음에 금이 가기 시작합니다. 마침내 그 틈으로 '한 번 더 해볼까?' 하는 긍정적인 마음이 쑥 비집고 들어오죠.

막연히 '할 수 있다', '열심히 하자'는 외침만으로는 안 됩니다. 사소하더라도 실행 가능한 목표를 설정하고 작게나마 시도해봅시다. 그 경험 자체가 새로운 자신감을 만들어내며 결국 선순환을 이룰 거예요. 끝으로 다음 두 가지를 기억해주세요.

1. 아무리 멋진 마음가짐도 실제로 행동하지 않으면 우리의 생각은 쉽게 달라지지 않는다.
2. 작은 행동부터 차근차근 시도해보는 경험이 쌓이면 다양한 두려움 앞에서 '생각보다 별거 아니네'라는 자신감이 생긴다.

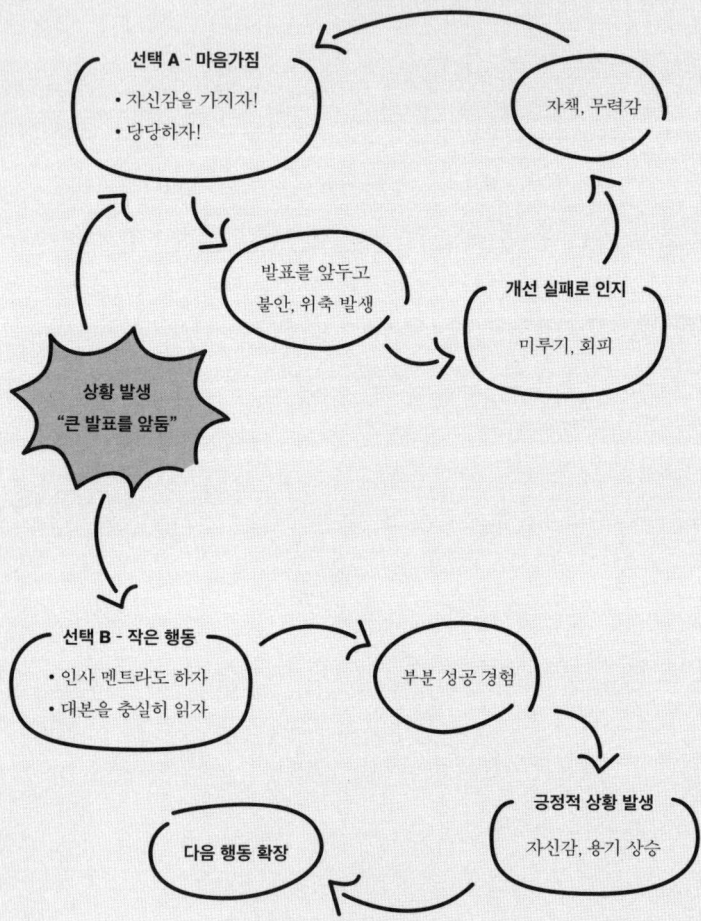

▲ 행동 개선이 만들어내는 선순환

성취는 보상으로

 자책 금지와 짝을 이루는 중요한 습관이 있습니다. 바로 '스스로에게 보상하기'입니다. 우리는 무언가를 마쳤을 때 당연히 해야 할 일을 했을 뿐이라고 넘겨버리는 경우가 많습니다. 남들은 쉽게 뚝딱 해내는 일을 나는 돌고 돌아 겨우 해냈으니 부끄럽다는 식으로 스스로를 깎아내리기 쉽거든요. 하지만 가만히 생각해보면, 남들이 어쨌든 내 기준에서는 어려운 일을 해냈다는 점에서 오히려 더 대단하지 않나요. 작은 일이라도 끝까지 해냈다면 그 순간만큼은 스스로를 인정하고 칭찬해주는 태도가 필요합니다.

 우리 몸속에는 작은 성공도 달콤하게 느끼도록 돕는 시스템이 존재합니다. '뇌의 보상회로'라고 부르죠. 이 보상회로가 어떻게 작동하는지 간단하게 설명해볼게요.

첫째, "해내니까 기분이 좋네?"

뇌는 어려운 일이나 미뤄둔 일을 해낼 때, 즐거움을 느낍니다. 긍정적인 감정 변화를 일으켜 만족감을 느끼게 하죠. 이를 통해 나의 행동이 나에게 좋은 결과를 가져다준다는 학습이 이루어집니다.

둘째, "한 번 더 맛보고 싶어!"

칭찬 한마디, 좋아하는 음료 한 잔, 마음속 작은 뿌듯함 등 어떤 형태든 좋습니다. 조금이라도 즐거움을 느끼는 보상이 있다면, 뇌는 그걸 또다시 경험하려 해요. ADHD의 특성을 지닌 분일수록 즉각적인 보상에 더 민감하게 반응할 수도 있습니다. 스스로를 독려하는 일이 처음엔 어색하게 느껴질지도 몰라요. 그러나 의식적으로라도 내가 해낸 행동에 대한 작은 칭찬을 놓치지 않고 받아들여보세요. 생각보다 꽤 큰 동기부여가 될 거예요.

셋째, 반복하면서 쌓이는 '실행력'

'하고 나니 오히려 더 편하네' 같은 성취 경험이 축적되다보면, 자연스럽게 사고방식도 바뀝니다. 하기 전엔 귀찮기만 했던 일이 막상 해보니 생각보다 괜찮은 거죠. 아니 어쩌면, 꽤 기분 좋을지도요. 여기서 그치지 않고 다음번엔 조금 더 해보자며 새로운 도전에 대한 의욕까지 불태우게 됩니다.

중요한 건 작은 성취일지라도 내가 한 행동이 긍정적인 기억으로 저장되어야 한다는 점입니다. 기껏 해낸 일에 '왜 진작 못 했을까' 하고 자책만 한다면, 뇌는 '뒤늦은 성취=불쾌한 경험'으로 받아들일 수 있어요. 그러니 실수나 늦음을 곱씹지 말고 그럼에도 끝내 해냈다는 감각을 기억해주세요. 이런 감각이 또 다른 시작을 가능하게 할 테니까요.

만약 계속 미뤄왔던 메일함 정리를 오늘 단 10분만이라도 해냈다면, 그게 바로 자축할 만한 일입니다. 그리고 보상으로 연결 지어보는 겁니다. 좋아하는 커피나 간식을 하나 사 먹는다든지, 거울 앞에서 스스로에게 격려의 말을 건넨다든지, 하루 일과를 마칠 때 노트에 오늘 나의 행동을 칭찬하는 글을 짤막하게 써본다든지 말이죠.

작고 사소한 보상이어도 괜찮습니다. 이런 경험이 차곡차곡 쌓여, 뇌는 계속해서 작은 성취감을 추구하게 됩니다. 그렇게 실수와 허점에만 매달리던 사고방식을 벗어나 보는 거예요!

파이팅!

'또 왜 이럴까' 대신 '이번엔 뭐가 어려웠을까'라고 물어보세요. 애써서 해낸 일이 있다면, 오늘의 '잘한 당신'을 잊지 말고 스스로에게 칭찬해주세요.

비교 대신 나만의 속도로

"남들은 쉽게 해내는 것 같은데, 왜 나만 이럴까?"라는 생각이 든다면, 자신을 깎아내리는 '비교 모드'가 발동된 것입니다. 비교는 누구에게나 괴로운 일이지만, ADHD를 가진 분들에게는 그 파급력이 더 커요.

자신의 속도나 장점은 고려하지 않은 채 부족하고 뒤처졌다는 생각에 사로잡히게 되면, 모든 부분에서 일을 남들만큼 빠르게, 남들처럼 효율적으로, 남들과 똑같이 처리해야 한다는 압박이 생깁니다. 그 순간, 우리 마음은 순식간에 무거워질 수밖에 없습니다.

하지만 가만히 들여다보면, ADHD로 인한 어려움이 존재하는 만큼 남다른 강점도 분명히 있습니다. 남들은 상상도 못할 기발한 아이디어가 불쑥 떠오르기도 하고, 한 가지에 몰입할 때는 놀라울 만큼 깊은 관심을 쏟아내는 경우도 있지요.

그러니 "나는 왜 저 사람처럼 못할까?" 대신, "나의 강점은 무엇일까?"라는 질문으로 전환해보세요. 에너지를 소모시키는 비교보다, 에너지를 채워주는 '강점 찾기'가 우리에게 훨씬 이롭다는 걸 경험하게 될 거예요.

강점 찾기에 대해 덧붙이자면, 꼭 내 강점을 억지로라도 찾아내라는 뜻은 아닙니다. 핵심은 '나는 남과 다르다'는 인식입니다. 누군가에게 하찮아 보이는 일이 나에게는 큰 도전일 수 있다는 점, 또 누군가의 전문 영역에서 나는 실수투성이라고 해도, 동시에 내가 다른 분야에서는 정말로 잘할 수도 있다는 점을 잊지 말아요.

때때로 비교를 하다보면 괜히 스스로가 너무 부족하고 초라하게 느껴지기도 할 거예요. 내가 가진 문제도 그 부족해 보이는 점 때문인 것 같고요. 당장은 그럴듯할지 몰라도 실제로는 착각일 수 있습니다.

혹시 '까마귀 날자 배 떨어진다'라는 속담을 들어보셨나요? 사실 까마귀가 날아오르는 것과 배가 떨어지는 것은 단지 시점이 맞물렸을 뿐인데, 사람들은 이를 원인과 결과로 엮어버리곤 합니다. 이렇게 잘못된 원인과 결과 사이의 연결을 심리학에선 '인과착각'이라고 불러요.

발표를 하던 중 긴장해서 목소리가 떨리고 발음 실수를 하게 된 상황을 상상해볼까요. 많은 분들이 이런 상황을 겪으면 본인은 역시 발표 체질이 아니라고 생각합니다. 단 한 번의 경험만으로 자신을 '발표 못하는 사람'으로 단정짓곤 하죠. 하지만 자세히 들여다보면, 긴장과 실수에는 여러 가지 복합적인 이유가 있을 거예요.

가령,

a. 환경적 요인: 발표 장소가 소란스러워서 더 긴장했을 수 있습니다.

b. 준비 부족: 충분한 리허설 시간이 없었을 수 있습니다.

c. 컨디션 문제: 최근 체력이 떨어진 상태였을 수 있습니다.

d. 심리적 부담: 이번 발표가 특별히 중요한 결과와 연결되어 압박감이 심했을 수도 있습니다.

실제로는 이렇게 다양한 요인이 복합적으로 작용했을 텐데도 우리는 긴장이라는 단 하나의 원인에 집중하고 다른 요소들은 간과해버립니다. 그리고 흔히들 "A(내가 긴장함) → B(무조건 실패)"라는 하나의 공식으로 스스로를 몰아붙이죠.

정리하면, 내 눈에 잘하는 사람과 자신을 비교하는 과정에서 드러나는 차이가 마치 내 문제의 중요한 원인이자 해결의 단서처럼 보일 수 있어요. 하지만 실제로는 인과관계가 아닐 가능성이 큽니다. 자세히 들여다보면 우리는 정말 다양한 이유로 서로 다른 차이를 보입니다. 따라서 타인과의 차이를 무조건 내 문제의 원인이라 생각하고 고치려 하다가는 오히려 의욕만 꺾일 수 있습니다. 비교해서 지는 싸움 대신 내 고유한 색깔을 어떻게 살릴 수 있을지에 집중해보세요.

지금까지 '자책하지 않기, 적절히 보상하기, 비교하지 않기'라는 작은 원칙들을 살펴봤습니다. 언뜻 쉬워 보이지만, 처음엔 자신을 비난하는 것보다 훨씬 어려울 거예요. 하지만 이 원칙들을 마음 한편에 새기고 생활하다보면, ADHD가 무겁게만 느껴지지는 않을 겁니다.

예전에는 실수 하나마다 두려움과 비난의 굴레에 빠졌다면, 이제는 실수를 줄이려면 무엇을 바꿔야 할지, 보다 발전적인 질문을 던질 수 있게 됩니다. 그 과정을 거치며 우리는 깨닫게 될 거예요. 실수 자체보다 그 실수를 어떻게 받아들이고 활용하느냐에 따라 우리의 성장 가능성이 달라진다는 사실을요.

마지막으로 덧붙이자면, 한순간에 모든 게 완벽해지지는 않는다는 사실도 함께 인정해야 합니다. 아무리 자책하지 않으려 다짐해도 정말 큰 실수로 혼쭐이 난 날에는 스스로를 비판하는 목소리가 고개를 들 수밖에 없어요. 그럴 땐 과거에 비해 그 부정적인 목소리를 더 빨리 진정시키고, 해결책을 조금 더 빨리 찾아 나서는 겁니다. 그 과정에서 적절한 보상은 우리의 회복력을 높여주는 든든한 버팀목이 되어줍니다. 내가 전혀 쓸모없는 사람은 아니구나, 그래도 이런 부분은 잘해내고 있잖아, 하고 다독이다보면 금세 다시 도전해볼 힘이 생기니까요.

우리에게 정말 필요한 건, 스스로를 나무라기보다 이해하는 태도, 남들과 경쟁하듯 자신을 혹사시키기보다 각자의 장점을 알아보려는 시선, 그리고 작은 성취에도 아낌없이 칭찬할 줄 아는 마음가짐 아닐까요? 혹시 요즘 다른 무엇과 비교하며 스스로를 탓하고 있지는 않나요? 수고한 나 자신에게 작게나마 칭찬을 건넨 기억이 있나요?

ADHD를 대할 때 단순히 '문제투성이인 ADHD를 이겨내겠다'는 식보다는 'ADHD와 잘 지내는 법을 알아가는 중이다'라는 마음이 조금씩 자라나길 바랍니다. 스스로를 탓하던 지난날의 괴로움이 나를 더 단단하게 만드는 밑거름이었음을 느끼는 날이 반드시 올 거예요.

누군가에겐 쉬운 일이 나에겐 도전일 수 있어요. 그건 남의 기준에 나를 억지로 맞추려 했기 때문일지도 몰라요. 비교보다 중요한 건 지금 나에게 필요한 게 뭔지 묻는 일입니다.

한 걸음씩 나아가는 방법

 앞서 '자책'에 대해 이야기할 때, 작은 성취를 조금씩 쌓아가는 게 중요하다고 말씀드렸는데요. 단순히 ADHD를 관리하는 데 그치지 않고 생활을 개선해나가고 싶다면 천천히 한 걸음씩 나아가는 것은 결코 놓쳐서는 안 될 핵심입니다. ADHD를 겪고 있는 분들에게 작은 변화를 시도하고 꾸준히 지속한다는 건 쉽지 않은 도전입니다.

 저는 이 과정을 표현할 때 '조금씩 산을 오르는 기분'에 비유해요. 산을 오를 때 몇 걸음 빨리 걷는다고 해서 바로 정상에 도달하는 건 아니잖아요. 그러나 한 걸음씩 정상을 향해 나아가며 쌓은 노력의 결과가 어느 순간 예쁜 풍경으로 나타납니다. 가끔은 너무 피곤해서 중간에 돌아가고 싶고, 누가 좀 업어주길 바라는 마음이 들 수도 있습니다. 끝없는 산길이 막막해서 지름길을 찾고 싶어질 때도, 중간 쉼터에서 잠시 쉬어가는 순간도 있겠죠. 그래도 다시 마음을 다잡고 한 걸음씩 올라가다보면 우리는 조금씩 정상에 가까워질 거예요. 성장이란 한 걸음씩 쌓아가는 거지, 단번에 올라가는 점프가 아니라는 걸 잊지 않았으면 해요.

'한 번에 팍!'을 바라는 마음

ADHD를 가진 분들은 종종 목표를 작은 단위로 나누어 차근차근 달성하기보다, 한 번에 큰 성과를 이루려는 성급함을 보이기도 합니다. 예를 들어, 1억 원을 모으겠다는 목표를 세웠을 때, 만원씩 차곡차곡 모아가는 방법보다 한 번에 5천만 원을 벌 수 있는 방법을 찾는 식으로 접근하는 거죠. 일상 속 작은 성취는 대수롭지 않게 여깁니다. 이렇게 단숨에 목표에 도달하려고 하면, 당장 눈에 띄는 성과가 없을 때 크게 실망하기도 쉽고, 목표가 너무 크고 멀게 느껴져 아예 시도조차 못하고 자꾸 미루게 됩니다.

임상 현장에서도 비슷한 상황을 자주 접합니다. ADHD 약물 치료를 시작할 때 어떤 분들은 약만 먹으면 곧바로 다른 사람이 되어서 삶도 순식간에 멋지게 변할 거라는 기대를 품기도 하는데요. 실제로는 약물로 증상이 호전되어도, 습관이나 생활 리듬이 하루아침에 완벽히 바뀌는 일은 드물어요. 이런 경우, 기대가 너무 컸던 탓에 "약도 소용없네" 하며 한 달도 안 되어 치료나 관리를 중단해버리기도 합니다. 한 번에 팍! 좋아지기를 바라는 마음 때문에 꾸준히 나아갈 기회를 스스로 놓쳐버린 셈입니다.

작은 걸음이 모여 큰 변화를 만든다

물론 꾸준히 생활을 개선해나가는 과정이 어떻게 항상 즐겁고 신나기만 하겠어요. 매일 목표를 잘 지키다가도, 단 한 번의 실수나 사건으로 허탈하게 포기하는 순간이 올 수도 있어요.

예를 들어, 다이어트 중이라고 생각해보세요. 식단을 잘 지켜오다가 한 번 폭식 후 그동안의 모든 노력이 물거품처럼 느껴져 포기해버리는 일, 아마 한 번쯤 경험해봤을 거예요. 단순해 보이는 일도 '매일 꾸준히' 하겠다고 목표를 세우는 순간, 갑자기 더 어렵게 느껴집니다.

하지만 자신과 한 약속이 무너진 그 순간에 딱 한 번만 더 마음을 붙들어보면 어떨까요? 지금껏 쌓아온 운동과 식단의 효과가 폭식 한두 번으로 완전히 사라지지는 않잖아요. 중요한 건, 폭식하더라도 그다음 날 다시 내 루틴으로 돌아올 수 있느냐 하는 거예요.

ADHD 관리도 마찬가지입니다. 한 번의 실수나 게으름이 나를 좌우하도록 내버려둘지, 아니면 아직 끝난 게 아니라고 다독이며 다시 일어설지에 따라 결과는 완전히 달라질 수 있어요.

이 작은 변화들은 나를 틀에 억지로 맞추려는 압박이 아니라, 나에게 딱 맞는 생활 리듬을 찾아가는 여정입니다. 완벽한 매뉴얼처럼 보이는 방법들이 실제 내 삶에는 잘 맞지 않을 수도 있어요. 누군가에게는 새벽 5시에 일어나 하루를 시작하는 루틴이 잘 맞지만, 또 오후에 집중력이 잘 발휘되는 누군가에게는 조금 늦게 자고 늦게 일어나는 생활이 더 효율적일 수도 있습니다. 그러니 작은 목표를 세우고 일단 시도해보되, 내게 맞지 않는다면 과감히 다른 방법을 찾아보는 유연함도 필요합니다. 시행착오를 겪더라도 괜찮습니다. 멈추지 않으면 돼요.

눈에 보이지 않던 변화를 발견하는 순간

어느 날 문득, "요즘엔 실수가 없네?"라는 말을 들을 때, 우리는 비로소 깨닫게 됩니다. 예전엔 그렇게 끝내기 어렵고 자주 깜빡하던 일이, 지금은 조금 더 수월해졌음을요. 천천히 한 걸음씩 걸었을 뿐인데 어느새 나조차 놀랄 만큼 변화한 내 모습을 발견하는 순간이 옵니다. 이런 순간들이야말로 우리가 그동안 쌓아온 작은 변화들의 결정체라고 할 수 있습니다.

갑작스럽게 거액을 거머쥐는 기적이나 거창한 성공이 아니라, '어제 하지 못했던 일을 오늘은 조금 더 나은 상태로 해냈다' 정도의 사실. 그게 우리에게는 더 큰 의미가 있습니다. 그런 작고 꾸준한 성취가 자양분이 되어 다음 문제를 개선할 자신감을 불어넣으니까요.

결국, ADHD를 관리하는 일은 길고 먼 산길을 완주하는 여정과 닮아 있어요. 우리에게 필요한 건 한 번에 바뀌는 마법 같은 변화가 아니라, 천천히 한 발이라도 더 내딛는 작은 걸음들이에요. 가끔은 한꺼번에 모든 걸 바꾸고 싶은 욕심이 들 때도 있지만, 우리는 이미 여러 번 경험해봤습니다. 한순간 폭발적인 의지는 오래 지속되기 힘들다는 걸요.

오늘도 비록 어제와 비슷한 걸음을 걷고 있다 할지라도 그 안에는 어제와 조금 다른 내가 있다는 사실을 기억해주세요. 한 발자국씩 내딛을 때마다 우리는 꾸준함의 가치, 그리고 스스로를 격려하는 자세의 소중함을 배워갑니다.

ADHD를 가진 우리가 걸어가는 이 길에서 때로는 넘어지고, 때로는 발걸음조차 떼기 힘든 날도 있겠지요. 그럼에도 다시 일어나 한 걸음씩 정상을 향해 오르는 내 모습을 떠올려보세요. 전보다 훨씬 높은 곳에서, 더 멀리 펼쳐진 세상을 바라보게 될 날이 올 겁니다. 그리고 그 순간, '조금씩, 그러나 꾸준히'야말로 우리를 가장 멀리 데려다줄 든든한 동반자임을 알게 될 거에요.

한 번에 확 달라져야 진짜 성취 같지만, 진짜 변화는 어제보다 한 걸음 더 나아가는 데서 시작됩니다. 계속 걸어가요. 아주 작은 걸음으로라도요.

파이팅!

CHAPTER 06
ADHD 뇌의 강점 살리기

6장에서는 ADHD가 불러온 후회, 조급함, 자책을 덜어내고 초집중, 창의력, 모험심과 같은 우리의 잠재력을 일상 속에서 발휘하는 길을 살펴봅니다.

ADHD 최대의 적

ADHD를 가진 우리가 맞닥뜨리는 최대의 적은 겉으로 드러나는 산만함이나 실수 자체가 아닐지 모릅니다. 후회와 미련, 조급함, 지름길에 대한 집착, 자책과 회피…. 산만함과 실수 뒤에 숨어서 우리를 끊임없이 괴롭히는 내면의 감정과 태도가 주범인 경우가 많습니다. 가령 과거의 실수를 곱씹으며 '내가 그때 왜 그렇게 행동했을까' 끝없이 되짚는 모습, 이미 벌어진 일을 놓지 못한 채 마음 한구석에 미련을 붙잡고 사는 모습이 그렇죠.

사람들은 흔히 후회한 만큼 다음 실수는 덜할 거라 기대하지만 현실은 녹록지 않습니다. 오히려 마음의 여유를 앗아가고, 다음엔 꼭 잘해야 한다는 압박감에 무리하기 쉬워요.

ADHD에서 비롯된 이런 조급함은 사실 불편한 상황을 직면하기 어려워서 생기는 일종의 방어기제입니다. 아무것도 해놓은 게 없다는 불안감에 휩싸이면, 뭐라도 해야 할 것 같은 기분이 들어 아무거나 급하게 챙기게 되는데요. 잠시나마 준비하는 행위 자체에 몰입하면서 그 순간에는 내가 문제를 해결하고 있다는 기분을 느끼기 때문입니다. 하지만 들여다보면, 급하게 준비한 자료나 무질서한 메모는 도대체 무슨 내용인지 알 수 없게 뒤죽박죽 엉켜 있곤 하죠.

지나치게 준비하는 행위만큼이나 반대로 처음부터 아예 포기하고 손을 놓아버리는 일도 흔한데요. 이 역시 불편한 감정에서 벗어나려는 또 다른 도망의 시도입니다. 그런다고 문제가 사라지지는 않는데 말이죠.

조급함이 엄습할 때는 오히려 한 박자 쉬어가는 연습을 해보는 게 좋아요. 시작이 늦었으니 당장 일해야 한다고 나를 내몰지 않습니다. 단 5분만이라도 잠시 지금의 상황을 정리하고 우선순위를 파악하면서 호흡을 가다듬는 거죠. 머릿속이 복잡할수록 우리는 더 우왕좌왕하게 되지만, 그럴 때일수록 지금 느끼는 불안이 어디에서 비롯된 것인지 문제의 본질을 점검하는 게 현명해요.

이미 지나간 실수와 실패는 되돌릴 수 없습니다. 그 안에서 우리가 찾을 건 지나간 후회가 아니라 앞으로를 위한 교훈입니다.

ADHD의 진짜 적은 조급함과 자책! 준비만 하다가 지치거나, 시작조차 못 하는 건 바로 그 감정들 때문이죠. 잠시 멈춰서 내가 '놓친 것'보다 '마주할 것'을 살펴보세요.

편견을 부수고 앞으로 나아가기

 우리 뇌는 때때로 아직 일어나지도 않은 일에 대해 부정적인 결론부터 내려버리곤 합니다. 불안, 우울 혹은 반복되는 부정적인 생각들로 힘들어하는 분들에게 이런 '악몽 시나리오'는 꽤 익숙할 거예요. 상황이 조금만 안 좋아 보여도 크게 망할 것처럼 스스로를 과소평가하고, 미래를 과장해서 두려워합니다. 특히 ADHD를 겪고 있는 분들은 꾸준히 무언가를 해내거나 이뤄본 경험이 상대적으로 부족하고, 지적받는 일이 많았던 탓에 부정적인 예측이 더 자주 떠오르고, 그 예측을 사실로 믿는 경향도 높은 편입니다.

 그런데 이런 부정적인 예측이 자꾸 쌓이면 우리가 취하는 행동도 점점 제한적이고 소극적으로 변하기 쉬워요.

예를 들어,

1. 아예 시도조차 하지 않고 상황 자체를 피하기
2. 잠깐 해보고 느낌이 안 좋다 싶으면 중간에 포기하기
3. '안전한' 전략만 고집하며 도전은 전혀 하지 않기

이처럼 불안을 피하려는 행동은 일시적으로는 큰일을 피해서 다행이라는 안도감을 주지만, 정작 그 과정에서 예측이 실제로 맞았는지 틀렸는지 확인할 기회는 날아가버립니다. 결국, '역시 안 했으니 안 망했네!'라는 식으로 머릿속의 부정적인 예측은 별다른 검증 없이 굳어지죠.

자, 그렇다면 어떻게 해야 할까요? 이번 기회를 통해 우리는 회피 대신 과학자의 마음가짐으로 접근해보는 겁니다. 겁나는 상황이 오더라도 실험에 임하듯 한번 부딪혀보자고요.

먼저, 내가 어떤 상황을 가장 피하고 있는지, 무엇이 나를 유독 겁나게 하거나 우울하게 만드는지 질문하고 정확히 짚어봅니다. 그런 다음, 가설을 세웁니다. '만약 내가 이렇

게 행동하면 어떤 일이 일어날까?' 하고요. 그리고 그 가설이 맞는지 마치 과학 실험을 하듯 실제로 검증해봅니다. 예를 들어, '발표를 망치면 사람들에게 욕먹을 거야'라는 생각이 있다면, 실제로 발표 상황에 들어가서 그게 정말인지 직접 결과를 관찰해보는 거예요.

핵심은, 실제 상황에 뛰어들어 작은 부분이라도 일단 행동에 옮겨보고 그 결과를 내 눈으로 확인하는 것입니다. 직접 겪어본 다음 내가 예상했던 최악의 결과가 실제로 일어났는지 냉정하게 점검합니다. 때로는 생각보다 괜찮다고 느낄 수도 있고, 혹은 일이 조금 꼬였어도 '이 정도 일이면 앞으로 충분히 감당할 수 있겠다'는 자신감을 얻을 수도 있겠죠. 그렇게 되면 뇌는 새롭게 학습합니다. '아, 실제로는 내 생각만큼 큰일은 아니었구나!' 하고요.

이 과정을 반복하다보면, 무서워서 피하기만 했던 상황에 점차 익숙해지고 자신의 능력을 더 믿게 됩니다. 예전의 '절대 못 한다'는 생각은 희미해지고, '해볼 만하다'는 균형 잡힌 생각이 자리잡습니다.

이제, 이러한 변화를 위한 작은 실험을 어떻게 설계하는지 대해 보여드릴게요.

아, 맞다!

아직 일어나지 않은 일인데 겁부터 날 때가 있어요. 망할 거라는 예측은 그냥 익숙한 상상일 뿐! 불안은 나를 지키려고 하는 뇌의 습관이고, 직접 실험해보면 새로운 나를 알게 돼요.

변화를 위한 단계별 실험 일지

우리의 예측이 정말 사실인지 실험해봅시다. 이 과정의 목표는 보다 현실적이고 균형 잡힌 예측을 세우는 데 있습니다. 그러니까, 이 나쁜 예측이 정말인지 직접 내 눈으로 확인하겠다는 자세로 접근해주세요.

1. 부정적인 예측 설정하기

지금 떠오르는 부정적인 예측은 무엇인가요? 구체적으로 짚어보세요.
예) "발표할 때 사람들 앞에서 말도 제대로 못할 거야."

2. 믿음 점수 평가하기

그 생각을 얼마나 사실이라고 믿고 있는지, 0~100점 사이로 점수를 매겨보세요.
예) "현재 믿음 점수는 80점."

3. 대안적 예측 세우고 평가하기

대체할 수 있는 다른 건강한 예측을 정하고, 그 대안을 믿는 정도도 0~100점으로 점수화합니다. '진짜로 이 생각만이 답일까?' '다른 가능성은 없을까?'라고 물어보면 대안을 찾는 데 도움이 됩니다.
예) "그래도 몇 명은 내 발표에 호응해주지 않을까?" "대안 믿음 점수는 30점."

4. 구체적으로 실험 설계하기

언제, 어디서, 누구와, 어떤 행동을, 얼마나 오랫동안 할 것인지 등등, 최대한 구체적으로 적어보세요. 필요하다면 마음껏 창의력을 발휘해도 좋고, 주변에 도움을 요청해도 좋습니다.

5. 실험 난이도 조절하기

무턱대고 너무 큰 실험을 시작하면 중간에 겁이 나서 그만둘 수 있으므로, 불안과 스트레스가 적은 상황부터 시작해 점차 난이도를 높여가도록 설계해보세요.

6. 예상 문제점과 대처 방안 준비하기

실험 중에 일어날 수 있는 문제점을 미리 예상해보고 그때 어떻게 대처할지도 함께 준비해둡니다.

7. 실험 실행하기

이제 계획한 대로 행동으로 옮겨봅니다. 이때, 나의 생각과 감정, 그리고 행동을 유심히 관찰하세요. 마치 실험 데이터를 수집하듯, 나를 객관적으로 지켜보는 겁니다.

8. 실험 결과 기록하기

실제로 어떤 일이 일어났는지 구체적으로 적어봅니다. 내가 목격한 사실과 느낀 점도 적습니다. 그리고 원래의 부정적 예측과 새로 생긴 대안적 믿음을 각각 반박하거나 뒷받침하는 증거도 모조리 모아봅니다. 이를 통해 처음 가졌던 부정적 예측이 과연 얼마나 맞았는지 분석해보세요.

9. 배운 점 정리하기

이번 실험을 통해 새롭게 깨달은 점이나 변화된 생각, 그리고 조금 더 현실적으로 보게 된 사실을 정리합니다.
예) "사람들이 생각보다 나를 비난하지 않네." "약간 떨렸지만 의외로 버틸 만했어!"

10. 믿음 점수 재평가하기

마지막으로, 실험 전과 비교해 부정적인 예측에 대한 믿음이 얼마나 달라졌는지 다시 점수를 매겨보세요. 동시에 대안적 믿음도 다시 점검해서 비교해보면, 실험 전후로 내 생각이나 감정 상태가 어떻게 달라졌는지 확인할 수 있을 거예요.

실험 난이도( )

단계	나의 실험 기록
1. 부정적 믿음	예: "사람들 앞에 서면 꼭 말을 더듬을 거야."
2. 현재 믿음 점수 (0~100)	____ 점
3. 대안적 믿음	예: "몇 명은 내 발표를 긍정적으로 들어줄지도 몰라."
4. 대안적 믿음 점수 (0~100)	____ 점
5. 행동 실험 설계	• 무엇을? • 언제/어디서? • 누구와? • 얼마나 오래?
6. 예상 문제점과 대응책	예: "발표 직전 심장이 뛴다면 30초 복식호흡."
7. 실험 실행 중 관찰 내용 (느낌·생각·행동을 자유롭게 기록)	
8. 실제 실험 결과 (객관적 사실 중심으로 작성)	
9. 새롭게 배운 점	
10. 믿음 점수 재평가 (0~100)	부정적 믿음: ____ 점 → ____ 점 대안적 믿음: ____ 점 → ____ 점

Tip
→ 처음엔 불안이 적은 상황(예: 세 명 앞에서 작은 발표)부터 채워가며 난이도를 조절하세요.
→ 1~10 사이 숫자로 이번 실험이 내게 얼마나 어려웠는지 평가해두세요. 이후 기록을 보면 난이도가 서서히 올라가는지, 같은 수준에서 머무는지 나의 변화를 확인할 수 있습니다.

달라서 특별한 ADHD

ADHD를 겪는 사람들의 뇌는 때때로 한계를 뛰어넘는 에너지를 품고 있다고 합니다. ADHD 전문가인 에드워드 M. 할로웰(Edward M. Hallowell) 박사는 ADHD를 이렇게 비유해요.

"ADHD의 뇌는 페라리 자동차의 엔진과 같습니다. 아주 강력하죠. 하지만 문제가 하나 있어요. 이 강력한 엔진에 자전거 브레이크가 있어요. 이 강력한 뇌를 제어하기에는 브레이크가 충분히 강하지 않다는 것입니다."
- 에드워드 M. 할로웰, 『ADHD와 사이좋게 지내기』, 시그마북스, 2024.

한번 상상해보세요. 꿈에 그리던 슈퍼 카가 집 앞에 있습니다. 떨리는 마음으로 시동을 켜니 엔진이 우렁차게 울리고 차가 튀어나갈 듯 떨리죠. 그런데 정작 브레이크는 자전거용이라면 어떨까요? 분명 당황스러운 일이지만, 동시에 그 어마어마한 엔진의 잠재력을 떠올리면 이렇게 생각해볼 수도 있습니다.

'와, 제대로 관리만 된다면 정말 멋질 텐데!'

ADHD를 가진 분들은 실제로 내면에서 이처럼 제어되지 않는 강력한 느낌을 마주할 때가 있습니다. 하지만 잘 다룰 수만 있다면 이 엔진은 누구도 흉내내지 못할 놀라운 추진력이 될 수도 있어요.

ADHD로 인해 겪는 어려움은 분명합니다. 주의가 쉽게 산만해지고, 가만히 앉아 있기 힘들며, 충동적 행동을 제어하기 어렵죠. 그래서 일상생활이나 사회적 관계, 학업, 업무 등에 지장이 생길 때도 많습니다.

하지만 단점에만 초점을 맞추고 고치려고 하면, 내게 단점만 있는 것처럼 느껴질 수도 있어요. ADHD가 발휘하는 강점도 엄연히 존재하는데 말이에요. ADHD에서 자주 발견되는 놀라운 잠재력들을 지금부터 소개해드릴게요.

1. 초집중(Hyperfocus)

ADHD는 집중을 잘 못한다는 이미지가 있지만, 정말 흥미를 느끼는 주제나 활동에는 완전히 몰입하는 '초집중 모드'를 발휘합니다. 마치 터널을 통과할 때 주변 시야가 사라지고 터널 끝만 보이는 것처럼, 한 곳만 깊이 파는 놀라운 몰입력을 보여주기도 합니다.

활용법: 진심으로 좋아하는 분야를 찾는 것이 핵심! 단, 너무 몰입하다보면 중요한 일정을 잊고 그것에만 심취할 수 있으니 브레이크를 걸어줄 알람 같은 장치를 마련해두면 좋습니다.

2. 탁월한 교감능력과 공감능력

또 의외로 ADHD인 분들은 주변의 미묘한 변화나 감정을 민감하게 감지합니다. 단순히 눈치가 빠른 수준을 넘어, 상대방의 감정을 깊이 이해하고 공감하는 모습을 보여요.
바쁘고 바쁜 현대사회에서 ADHD인들은 어쩌면 사막의 오아시스 같은 존재입니다. 누군가와 관계를 맺을 때에도 진득한 애정을 주거든요. 혼자보다 함께할 때 자극도 받고 더 큰 시너지가 나는 ADHD! 좋아하는 사람들을 웃게 만들고 싶어하는 귀엽고 소중한 사람들이랍니다.

활용법: 사람을 상대하는 직업이나 타인의 감정을 섬세하게 살펴야 하는 상황에서 큰 자산이 됩니다. 다만, 너무 민감하게 받아들이지 않도록 스스로를 보호할 방법도 찾아야 합니다. 상대방의 감정에 휩쓸려 자기 감정을 소진하지 않는 연습이 필요해요.

3. 다양한 관점을 보는 능력

ADHD의 뇌는 여러 정보를 동시다발적으로 처리하는 데 뛰어납니다. 그래서 일반적인 사고방식으로는 놓치기 쉬운 독특한 연결고리를 발견하거나 전혀 다른 개념들을 번뜩 엮어내기도 하죠. 이런 능력 덕분에 색다른 아이디어를 내놓거나, 문제를 해결하는 과정에서 예상을 뛰어넘는 기발한 발상을 해내기도 합니다.

활용법: 창의성이 필요한 예술, 마케팅, 연구개발 분야 등에서 빛을 발할 수 있습니다. 단, 아이디어가 너무 많아

실현하기 어려운 경우가 잦으니, 실행 전략을 함께 세우고 아이디어를 단계적으로 정리해줄 파트너나 시스템이 필요할 수 있습니다.

4. 위험을 감수할 줄 아는 용기

ADHD가 위험을 감수하다니, 앞서 '도전을 포기하는 데 익숙해진 모습'이 ADHD의 전형적 패턴이라고 이야기해 놓고는 갑자기 무슨 말이냐고 하실 수도 있겠습니다. 그러나 그것은 ADHD의 본질이 아니라, 반복된 좌절의 경험이 만든 껍데기에 불과해요. ADHD를 가진 분들은 지루함을 쉽게 느끼는 대신, 누구보다 새로움에 먼저 반응하고 과감한 결단을 내리기도 하거든요. 새로운 일 앞에서 망설임이 적다는 것은 때때로 주변인을 깜짝 놀라게 할 만큼의 용기로도 나타나죠. 재미있는 일엔 반 박자 빠르게 움직이고, 실패마저 흥미로운 경험으로 받아들이면서 곧바로 새로운 시도로 전환하는 에너지를 지녔습니다.

활용법: 창업, 예술 활동, 프로젝트 기획 등에서 ADHD의 추진력이 큰 강점이 됩니다. 물론 계획 없이 충동적으로 시작했다가 중도에 포기하지 않도록 준비와 점검이 반드시

함께해야 합니다.

5. 즉흥성과 유머감각

두뇌 회전이 빠른 ADHD는 재치 있는 멘트를 날리거나, 유연한 대응으로 주변을 웃음 짓게 만들 때가 많습니다. 때로는 살짝 과할 때도 있지만, 분위기를 한층 밝게 만들어주는 힘은 분명한 장점이에요. (제 입으로 말하기 부끄럽지만, 저는 한때 '하늘이 내려준 천부적인 개그맨' 소리를 듣기도 했답니다.)

활용법: 즉흥성과 유머는 사람들 사이 즐거운 추억을 만들어주는 원동력입니다. 단, 중요한 자리에선 한 번 더 생각하고 말하는 습관을 들여보세요. 괜한 즉흥 멘트가 오해를 낳으면 또 다른 고민거리로 이어질 수 있으니까요.

ADHD, 신경다양성의 관점으로 바라보기

여기서 잠깐! ADHD를 단순히 질환이나 장애로 바라보지 않고, '신경다양성(Neurodiversity)'의 개념으로 접근하는 관점도 함께 소개해드릴게요.

아마 생소한 단어일 수 있어요. 신경다양성이란, 인간의 뇌가 서로 다른 방식으로 작동하며 그 차이를 정상과 비정

상의 문제가 아니라 '다양성의 스펙트럼'으로 이해해야 한다는 개념입니다.

즉, ADHD는 진단상 장애로 분류될 수 있지만, 더 넓은 차원에서 보면 특정한 방식으로 작동하는 뇌의 한 형태일 뿐이며, 그 안에는 풍부한 에너지, 창의성, 감수성 같은 고유한 강점과 가능성이 깃들어 있습니다.

약물 치료나 상담, 교육, 환경 조정 등 ADHD에 필요한 도움을 받으면서, 동시에 ADHD를 '틀림'이 아니라 '다름'으로 받아들이는 것. 그리고 ADHD를 겪고 있는 사람들이 스스로 자부심을 느끼며 살아갈 수 있도록 사회가 함께 지지하는 것. 그게 바로 신경다양성이 지향하는 가치입니다.

ADHD는 조금 다른 방식으로 세상을 보고 움직이는 고유한 리듬입니다. 조절은 어렵지만 그만큼 강한 추진력을 지녔죠. 그 안에서 감각적이고 창의적인 나를 발견할 수 있어요.

CHAPTER 07
반복되는 문제를 다루는 기술

집중은 5분도 채 안 돼 도망가고, 부탁은 거절하지 못해 엉망진창인 스케줄에 허덕이고 있다면… 지금 당신에게 필요한 응급 매뉴얼을 소개합니다. 7장에서는 우리의 일상 속 실수를 줄이고 에너지를 지키는 간단한 방법을 배워보도록 해요.

5분만 책을 펴면 휴대폰과 사랑에 빠져버린다

 졸업 논문을 쓰던 시절이 떠오릅니다. 오늘은 진짜 제대로 하고 말겠다는 굳은 결심으로 노트북을 들고 도서관에 가면, 제 집중력은 항상 5분 만에 가출을 선언하곤 했습니다. 분명 논문을 쓰러 간 건데, 정신을 차려보면 웹툰 한 시즌을 정주행하고, 쇼핑몰 장바구니엔 옷 두어 벌이 담겨 있고, 친구들의 SNS에 하트를 누르고 다니는 제 모습을 발견하곤 했죠. 그러곤 내일은 진짜 제대로 하자고 스스로를 다잡는 일이 매일 되풀이되었습니다.

 시간은 영원하지 않았습니다. 결국 교수님의 서늘한 미소를 마주한 어느 날, 그제서야 눈물로 밤을 새우며 논문을 마무리했습니다.

혹시 저의 이런 경험이 크게 낯설지 않은가요? 마음먹고 책상 앞에 앉아도 휴대폰 알림이 유혹하고, 무언가 급하게 검색하고 싶어지고, 갑자기 친구의 근황이 궁금해 딴길로 빠지게 되죠.

ADHD를 겪는 이들에게 '미리미리'나 '집중'은 외국어처럼 멀고도 낯선 개념입니다. 이는 단순히 의지의 문제가 아닙니다. 행동을 계획하고 억제하는 뇌의 조절 기능이 충분히 훈련되지 않은 상태이기 때문이에요. 게다가 눈앞의 작업 대신 과거나 미래에 대한 생각이 자동으로 재생되기 쉬운 특성도 있고요. 흥미가 떨어지는 순간, 뇌는 곧장 도파민이 쏟아지는 쪽으로 방향을 틀죠.

이럴 땐 의외로 단순하지만 강력한 두 가지 도구로 집중력을 단속해보기를 추천합니다.

첫 번째 도구, 산만함 패턴 기록하기
바로 나의 집중력 탈출 경로를 눈으로 확인해보는 건데요, 방법은 간단해요. 먼저 손바닥만 한 노트를 꺼냅니다. 작심삼일, 아니 작심이틀만이라도 좋으니 집중이 끊기는 순간을 시간, 행동, 느낌 순으로 간단히 기록해보세요.

예)

오전 9시, 영어 단어 암기 시작 → 9시 5분, 친구 톡 알림으로 휴대폰 집어 듦 → 9시 17분, 갑자기 옷이 사고 싶어져서 쇼핑몰 들어감

세세하게 다 적지 않더라도 언제, 어떤 계기로 내 주의가 새는지 어느 정도 지도가 그려질 겁니다. 그다음엔 가장 자주 등장한 유혹 세 가지를 뽑아보세요. 저 같은 경우에는 휴대폰, 공상, 침대가 상위권이었습니다.

이제부터 전략은 단순합니다. 유혹의 진원지를 차단하거나 조절하고, 대체할 행동을 생각해보는 겁니다.

예)
차단: 휴대폰은 비행기 모드 후 눈에 안 보이는 곳으로. 침대가 없는 공간에서 작업하기.
대체: 공상이 떠오르면 잠시 메모장에 적어두고 일단 하던 작업 마저 하기.

단순해 보이지만 나는 언제 흔들리는 사람인지 선명하게 알게 되면 통제권이 나에게로 돌아옵니다. 처음부터 완벽하게 하려 애쓰지 않아도 괜찮습니다. 오늘 딱 한 가지 유혹만 체크해보는 것부터 시작해봐요.

두 번째 도구, 할 일을 작고 구체적으로 쪼개기

산만함의 원인을 눈으로 확인했다면, 이젠 할 일을 더 작게, 더 구체적으로 만들어야 합니다. ADHD는 뇌에서 '큰 그림'보다 '작은 행동'을 더 잘 받아들이거든요. 거대한 계획 대신 작고 구체적인 한 장면을 만들어보세요. 이때 포인트는 다음 네 가지를 꼭 포함하는 것입니다. '언제, 어디서, 어떻게, 이후 보상은 무엇인지'를요.

예)
수요일 저녁 8시, 학교 도서관 3층 창가에서, 휴대폰은 비행기 모드 맞춰놓고 집중해서 인강 하나 듣기, 끝나면 친구와 음료수 한 잔.

구체적인 내 모습이 눈에 그려지면 우리의 몸은 훨씬 수월하게 움직일 거예요. 물론 생활 전략만으로 다 해결되는 건 아니지만, 이렇게 산만함을 기록하고 목표를 쪼개기 시작하는 순간, 우리는 벌써 '집중력 관리자'의 길에 올라선 것입니다.

우리에게 필요한 건 열 시간 내리 몰입이 아닙니다. 첫 5분만이라도 완주하는 경험입니다. 그렇게 된다면 뇌는 곧 속삭이죠. '이 사람, 진짜 해낼지도 몰라.' 그렇게 다음 5분은 더 가벼워지고, 어느새 5분이 몇 번이고 돌아가 있을지도 모르겠네요.

집중력과 손을 맞잡기에 오늘처럼 좋은 날도 없습니다. 준비물은 단 하나, 당신의 5분입니다.

할 일을 작게 쪼개고, 집중이 새는 경로를 기록하기, 그 순간부터 우리는 집중을 관리하는 사람이 될 수 있어요.

아, 맞다!

오늘도 또 지각이라니!

 알람은 분명히 아침 7시 정각에 울렸습니다. 눈도 뜨기 전에 제 손가락이 본능적으로 알람을 미루는 버튼을 눌러 버렸을 뿐입니다. '아직은 괜찮아, 5분만 더….' 세상에서 가장 달콤한 함정이죠. 그 5분이 순식간에 30분, 40분으로 늘어나고 저는 시간이 그렇게 흘렀다는 걸 전혀 눈치채지 못합니다. 이건 단지 아침기상만의 문제가 아니에요. 출근 전 화장실에서 잠깐 휴대폰을 본다거나, 샤워 중 멍하니 생각에 잠기는 짧은 순간들. 그 '잠깐'들이 실제로는 엄청난 시간을 잡아먹어요. 하지만 잠시뿐이라는 착각이 반복되며 지각은 일상이 되고, 시간 감각은 늘 어긋납니다.

 진공의 시절에도 같은 일이 반복되고는 했습니다. 정신

을 차려보면 이미 출근 시간은 훌쩍 지나가 있고, 저는 허둥지둥 옷을 입고 한 손엔 신발을 든 채 현관을 뛰쳐나가곤 했죠. 당연히 아침밥은 건너뛰었고요. 택시 안에서 숨을 몰아쉬며 매번 간절히 기도했습니다. 제발 오늘만은 아무도 제가 지각한 걸 모르게 해달라고요.

간신히 아침에 일찍 일어났다고 해도 안심할 수 없었습니다. 일찍 일어나도 지각할까 불안해서 더 서두르다보니, 출근은 했지만 이미 진이 다 빠진 채 하루가 시작되곤 했어요. 더 얄미운 건, 크게 늦는 것도 아니고 꼭 5분씩 애매하게 늦는다는 거였죠. 그 몇 분 때문에 죄책감이 들고 결국 큰 스트레스로 돌아왔습니다.

출근 후에도 문제는 계속됩니다. 딱 1분만 휴대폰을 보고 업무를 시작하려 했으나 그 1분이 어느새 10분, 20분, 30분으로 늘어납니다. 메일 한 통, 영상 하나, 짧은 뉴스 기사 한 편이 조용히 제 하루 일정을 흐트러뜨리죠. 그러다보면 저는 하루를 주도하는 사람이 아니라 하루에 휘둘리는 사람이 되어 있었습니다.

ADHD를 겪고 있는 분들에게 익숙한 풍경일 수 있습니다. 실제 진료실에서도 비슷한 어려움을 호소하시는 분들을 자주 만나뵙는데요. 왜 우리의 시간은 이렇게 빠르거나 혹은 너무 느리게 흐르는 걸까요?

ADHD는 시간의 흐름을 느끼고 추적하는 능력이 약한 경우가 많습니다. 지루한 상황에서는 시간이 멈춘 듯 느껴지고, 재미있는 일에 몰입할 때는 순식간에 몇 시간이 흘러버리죠. 이는 특히 뇌의 전두엽 기능과 관련이 깊습니다. 전두엽은 집중뿐만 아니라 계획과 시간 조절 기능도 담당하는데, 이 영역이 약해지면 '언제까지 무엇을 해야 한다'는 감각을 유지하기 어려워집니다. 거기에 도파민까지 더해지면 자극적인 활동에 쉽게 끌리고 그 상태에서 빠져나오기 힘들어요.

그렇다면 이런 시간 감각 문제를 어떻게 다뤄야 할까요? 저는 제 진료실에 오는 분들께 "정신 똑바로 차리세요!"라고 말하는 대신 '타이머'를 사용해보자고 권합니다. 타이머는 시각적, 청각적으로 시간의 흐름을 알려주는 훌륭한 도구이자, ADHD의 뇌에 시간을 가르쳐주는 선생님이에요.

특히 '포모도로 기법'은 ADHD를 겪는 많은 분들이 애용하고 있습니다. 포모도로 기법이란, 타이머를 이용해 25분간 집중해서 작업하고, 5분간 쉬는 것을 한 세트로 반복하는 시간 관리 방법이에요. 집중 시간은 꼭 25분이 아니더라도 괜찮습니다. 내가 무리하지 않는 선에서 집중할 수 있는 시간(보통 20~40분 사이)을 정해 반복하면 됩니다. 이렇게 시간을 세트로 구성해보면 '시간을 흘려보낸다'는 감각 대신 '시간을 다룬다'는 경험을 얻게 돼요.

저는 업무, 운동, 취미 등 거의 모든 일상에서 타이머를 활용하고 있습니다. 중간에 알람이 울리도록 설정해두면, 적어도 시간이 얼마나 흐른 지도 모르고 몰입하다가 무너지는 일은 줄일 수 있거든요.

다만, 아침 기상은 좀 다른 문제입니다. 아무리 알람을 설정해도 무의식 중에 꺼버리는 건 인류 공통의 숙명이지 않을까요. 이럴 땐 알람을 잠자리에서 멀리 떨어진 곳에 두는 것도 방법이지만, 아침에 일어나자마자 바로 하고 싶은 일을 미리 정해두는 방법이 효과적입니다. 예컨대, 향 좋은 커피 내리기, 좋아하는 음악 틀기, 간단한 스트레칭처럼 부담 없는 활동을 목표로 삼는 거죠. ('일어나자마자 빨래 돌리기'

같은 목표는 솔직히 아침을 포기하게 만들 수도 있어요!)

또한, 눈에 잘 띄는 시계, 일정을 적어둔 메모지, 벽에 붙인 시간표 같은 시각적 장치도 꽤 도움이 됩니다. 우리의 뇌는 자극을 먹고 자라기 때문에 시간을 자주 확인하도록 자극하면 자연스럽게 시간 감각이 뇌에 주입됩니다.

많은 분들이 변화를 동기나 열정에서 찾지만, 결국 우리를 바꾸는 건 반복 가능한 구조와 실천 가능한 도구입니다. 의지만으로는 유튜브 알고리즘을 이길 수 없어요. 하루 중 25분이라도 내가 시간의 주인이라는 감각을 경험할 때, 변화는 시작됩니다.

마지막으로, 스스로에게 관대해지는 것도 잊지 마세요. 오늘도 지각하고 시간 관리에 서툴렀나요? 괜찮습니다. 어제보다 2분 일찍 나왔다면, 어제보다 5분 더 시간을 잘 활용했다면, 큰 진전입니다. 처음엔 의욕 넘치게 타이머를 들더라도, 며칠 뒤엔 어디에 뒀는지도 모를 수 있어요. 그 또한 괜찮습니다. 다시 맞추면 되죠. 타이머도, 우리에게 다가올 내일도요.

시간 관리는 되는 사람들만 누리는 특별한 재능이 아니라 누구나 훈련할 수 있는 기술입니다. 하루에 타이머 한 번, 종이 한 장의 시간표, 그리고 다시 시작해보려는 한 번의 시도, 그거면 충분해요.

아, 맞다!

오늘도 시간에 쫓기며 하루를 시작했나요? 괜찮습니다. 내게 맞는 방식으로 시간을 관리해본 경험이 시간을 조율하는 나를 만들 거예요.

분명히 들었는데, 또 까먹었네!

 때때로 대학병원에서 수련하던 시절이 떠오릅니다. 특히 제가 막내였던 때가 말이죠. 모든 막내들이 그렇듯, 저 역시 막내라는 숙명을 지니고 예상치 못한 잡일들을 하루에도 몇 번이고 처리해야 했습니다. 복도를 지나다 선배들을 마주칠 때면 불쑥 저에게 일을 부탁해왔습니다. 그 순간 저는 속으로 자신 있게 외쳤습니다. '오늘은 진짜 안 까먹는다!'

 하지만 그 다짐은 보통 몇 분을 넘기지 못했습니다. 돌아서는 순간 환자의 진료기록, 울리는 전화벨, 가운 주머니에서 떨어진 펜까지⋯ 제 뇌는 너무도 성실하게 모든 일에 주의를 나눠주느라 정작 중요한 부탁은 희미한 메아리만 남긴 채 저 멀리 사라지곤 했죠.

 그렇게 정신없이 하루를 보내고 다음 날 아침, 선배가 저를 찾는 순간 온몸이 싸늘하게 얼어붙었습니다. "어제 부탁한 건 다 챙겼지?" 그제서야 불현듯 탄성이 나왔습니다. "아, 맞다!"

 실수하고 싶지 않은 마음은 누구보다 컸지만, 열심히 메모했다는 사실조차 잊거나, 심지어 메모한 종이마저 잃어버리기 일쑤였죠. 혹시 선배가 나를 무능력하거나 성의 없는 사람으로 오해하면 어쩌나 하는 걱정에 자주 우울해지기도 했습니다. 실수가 한창 잦을 때는 선배들이 저를 부를 때마다 심장이 철렁 내려앉았습니다. 혹시 또 잊어버린 게 있는 건 아닐까, 차라리 숨고 싶었어요.

 사실 이런 일이 지금도 종종 반복되고는 합니다. 그렇다면 저는 왜 그런 걸까요?

 이유는 여러 가지입니다. 대표적으로는 중요한 정보를 들은 순간, 마치 초점이 흔들린 사진처럼 희미한 흔적만 남긴 채 기억에서 사라져버리는 경우가 있습니다. 어쩌다 정보를 제대로 저장했다 하더라도, 막상 필요할 때 그것을 꺼내 오는 일에도 문제가 생깁니다. 마치 저장한 파일이 분명 컴퓨터 어딘가에 있긴 한데, 도무지 어느 폴더에 뒀는지 기억나지 않는 것처럼 말이죠.

이러한 문제를 해결하려면 다양한 전략이 필요하지만, 처음부터 너무 많은 걸 시도하면 오히려 금방 지쳐버리니까요. 아주 간단한 방법부터 시작해보자고요. 바로 '한 곳에 기록하고, 두 번 알람을 설정하는 방법'입니다.

이 방법은 단순하지만 효과는 확실해요. 우선 모든 중요한 정보를 기록할 메모장을 딱 하나 정합니다. 저는 저 자신에게 SNS 메시지를 보내는 방식을 사용하는데요. 수첩이든 휴대폰 메모 앱이든 상관없으니 단 하나로 통일하세요. 여러 군데 분산된 메모는 결국 어느 것도 기억나지 않거나, 검색이 복잡해서 꼬이기 때문에 그래요.

물론, 메모를 하려는 순간조차 다른 생각에 휘말려 잊어버리기 십상입니다. 저도 휴대폰을 꺼내는 사이에 이미 다른 생각에 휩쓸려 메모하는 걸 놓치곤 했으니까요. 그래서 습관이 들기 전까지는 메모장을 최대한 눈에 잘 띄는 곳에 두는 게 좋습니다. 책상 위, 컴퓨터 모니터 옆, 혹은 휴대폰 홈 화면 정중앙에 큼직한 위젯을 두는 식으로 말이죠.

이제 준비가 되었다면, 상대의 부탁을 듣자마자 짧게라도 좋으니 핵심만 기록해보세요. 처음엔 이 과정도 쉽지 않겠지만, 딱 이 한 가지만 반복해도 서서히 습관이 형성됩니다.

예를 들어, 선배가 병원 복도에서 부탁을 한 그 순간, 저는 바로 메신저를 열어 저에게 메시지를 보냈습니다. 날짜와 해야 할 일의 내용, 기한 등을 간략히 정리해 전송했어요.

"4월 22일, 다음달 의국 회의를 위한 공지 꼭 하기, 이달 말일까지, 복도에서 OO선배가 지시함."

그리고 곧바로 달력 앱을 열어 알람 두 개를 설정했습니다. 하나는 공지 전날 밤 9시, 또 하나는 공지 당일 아침 7시. 알람 소리는 평소와 다르게 설정해서 중요한 소리로 인식할 수 있게 했습니다. 또 매일 하루 일을 마감할 때면, 메신저를 열어 제가 기록해둔 일들을 쭉 훑어보며 놓친 일은 없는지 다시 확인하고는 했습니다.

'기록 → 알람 → 확인 → 재알람 → 재확인'이라는 이 단순한 흐름을 반복하다보면, 어느새 기억을 스스로 조절하고 있다는 자신감이 생기기 시작합니다. 이 습관 덕분에 저는 당황스러운 경험의 횟수를 많이 줄일 수 있었어요.

'한 곳 메모와 두 번 알람'을 활용한 외부 기억 장치, 누구나 할 수 있어요. 당장이라도 한 가지 할 일을 적고 두 번의 알람을 설정해보세요. 그리고 틈틈이 메모를 다시 열어 확인해보는 겁니다. 가끔씩 메모하는 것도, 알람을 확인하는 것도 놓칠 수 있습니다. 뭐, 어때요. 그건 내 잘못이 아니라 ADHD의 특성일 뿐인 걸요. 우리의 목표는 실수를 줄이고 스스로를 조금씩 믿을 수 있는 경험을 차곡차곡 쌓는 거잖아요. 우리가 진짜 원하는 건 결함 없는 완벽함이 아니라, 어제보다 조금 더 편안한 오늘이니까요.

실수를 줄이고 싶다는 마음, 그건 당신이 게으르지 않다는 증거예요. 단지 잊지 않도록 돕는 구조를 몰랐던 것뿐이죠. 기억을 뇌에만 맡기지 말고, 시도해봐요. 한곳 메모, 두 번 알람!

퇴근길 한 통의 메시지가 불러온 내 안의 폭풍

 당직 근무를 선 날이면 밤새 뒤척이다가 새벽 6시, 끝내 네 번째 알람이 울리고 나서야 겨우 일어납니다. 오늘만큼은 꼭 제시간에 퇴근하자고 다짐, 커피 한 잔과 함께 오전 근무에 돌입합니다. 밤새 응급실을 거쳐간 환자들의 차트를 정리하고, 곧바로 주간 병동 회의 자료를 준비하느라 숨 돌릴 틈도 없습니다. 아침부터 쏟아지는 피로에 점심만큼은 혼자 조용히 먹으며 재충전하겠다고 마음먹습니다.

 그러나 병동 복도에서 마주친 동료가 인사를 건네며 함께 밥을 먹자고 손을 흔드는 순간, 머릿속은 까맣게 됩니다. 쉬고 싶은 마음은 굴뚝 같지만 괜히 거절했다가 상대가 상처받을까 봐 덜컥 좋다고 대답해버리죠. 결국 북적이는 식당에서 웃으며 맞장구를 치느라 저의 체력은 순식간에 방전됩니다.

  겨우 병동 일을 마무리하고 퇴근할 즈음 진동이 울립니다. 친구의 전화입니다. 오늘 힘든 일이 있었다며, 맥주 한 잔하자는 연락에 뇌가 바쁘게 계산을 시작합니다. 당직 근무의 피로감과 내일 아침 발표까지 생각하면 오늘 밤 시간을 내는 건 무리입니다만, 입술이 먼저 움직입니다. 점심 때처럼 흔쾌히 승낙해버리는 거죠.

  약속 장소로 향하는 길, 카페인으로 버티던 심장은 내일 발표 걱정에 다시금 요동칩니다. 지금이라도 못 간다고 말해야 하나 수없이 고민하지만, 친구가 실망할까 봐 결국 아무렇지 않은 척 웃으며 친구를 마주합니다. 짠 소리와 함께 맥주를 한 모금 넘기는 순간에도 머릿속은 발표 생각으로 가득해요.

  언제, 어떻게 자리에서 일어나야 하나 계속해서 초조한 상태. 결국 40분 남짓 버티다 다음에 길게 보자며 자리를 뜨기로 합니다. 친구가 농담 반 진담 반으로 "이럴 거면 오늘 왜 시간 된다고 했냐"고 툴툴대던 말이 귓가에 맴돕니다. 집으로 돌아오는 버스 안, 또다시 자책이 시작됩니다.

'또 약속 가볍게 생각하는 사람 됐겠지….' 이불을 덮어도 뒤척일 때마다 그 생각이 손목에 묶인 풍선처럼 따라다니죠.

ADHD의 특성상, 저처럼 타인의 시선을 지나치게 의식하거나 부탁을 거절하기 어려워하는 분들이 적지 않습니다. 그러다보니 감당하기 힘든 약속을 덜컥 받아들이고, 결국에는 지키지 못해 불성실한 사람으로 오해를 사기 쉽죠. 이런 경험이 반복되면 대인관계에서 상처를 입거나 위축되는 일이 많아집니다.

이러한 대인관계 패턴 뒤에는 여러 심리학적·신경학적 요인이 숨어 있습니다. 대표적으로 ADHD 특성을 가진 뇌는 거절이나 실망의 신호에 특히 민감하게 반응하는 경향이 있는데요. 어릴 적부터 "또 잊었니?" "산만하구나" 같은 말을 반복적으로 들으며 쌓인 기억이, 누군가를 또 실망시키게 될까 봐 미리 경보를 울리는 것이죠. 경보가 울리는 순간 마음은 금세 불안해지고, 그 불안을 최대한 빨리 잠재우기 위해 상황을 제대로 따져보기도 전에 승낙 버튼을 눌러버리는 것입니다. 제아무리 감당하기 어려운 약속이나 부탁이라 하더라도요.

또 다른 이유로는 만성적인 자기비난과 불안을 꼽을 수 있습니다. '나는 문제를 일으키는 사람'이라는 낙인이 마음속에 자리잡으면 아주 작은 지적에도 부정적인 생각들이 튀어나옵니다. 그렇게 생긴 불안은 에너지를 빨아들이는 블랙홀과 같아요. 이제는 아예 상황 자체를 만들지 말자고 다짐하며 관계를 끊어버리거나, 반대로 과도하게 밝은 척 애쓰다 탈진해버리는 악순환에 빠지곤 합니다.

그렇다면 이런 상황에선 어떻게 해야 할까요? 혹시 저처럼 거절을 잘 못 하는 사람이라면, 성급한 승낙부터 줄여보는 연습을 추천합니다. 그 방법은 바로 '두 박자 멈춤'입니다. 첫 번째 박자는 마음속 불안을 가라앉히는 시간, 두 번째 박자는 내 일정표를 머릿속에 펼쳐보는 시간입니다.

먼저 첫 번째 박자에서는 짧게 긍정하며 여유를 확보해보세요. 상대방에게 "그래, 잠깐만!" 하고 가볍게 웃으며 반응해주기만 하면 됩니다. 상대는 거절이 아니라 아직 검토 중이라고 받아들여 안심하고, 나는 그사이 판단할 시간을 벌 수 있어요.

두 번째 박자에서는 나의 스케줄과 에너지를 빠르게 점검합니다. 그날의 할 일이나 약속, 체력 등을 빠르게 스캔해보세요. 복잡할 것 없어요. 가능한지, 아니면 무리인지, 그것만 판단하면 충분합니다.

판단이 섰다면 '가능', '불가', '대안' 세 가지 중 하나로 답을 전합니다. 특히 거절이 어렵다면 대안을 제시하는 방식이 좋아요.
"주말은 어려운데, 다음주 수요일 저녁이라면 여유 있어. 그때 어때?"
이렇게 거절에 대안을 함께 제시하면 미안함은 덜고 관계도 부드럽게 이어질 거예요.

처음엔 이런 말 한마디에조차 심장이 쿵쾅거릴 수 있습니다. 그래도 '두 박자'를 지키고 차분히 이야기하면, 대부분 상대는 나를 비난하기보다 "그래, 그럼 수요일에 보자!" 하고 쿨하게 답할 때가 많을 겁니다. 거절 때문에 멀어지는 게 아니라, 오히려 급하게 약속을 취소하는 일이 줄어들면서 신뢰가 더 단단해질 수 있어요.

사람 관계에서 거절하거나 조율하는 연습은 마치 근육을 키우는 과정과 비슷합니다. 거절하는 데 너무 눈치가 보인다면 처음엔 1킬로그램짜리 덤벨, 그러니까 가장 작은 거절부터 연습한다고 생각해주세요. 오늘 하루에 딱 한 번, 부탁을 받으면 바로 끄덕이지 않고 일정부터 보고 답하자고 말이죠. 그렇게 '거절하는 근육'이 조금씩 자라면 그 힘으로 점점 더 큰 협상을 시도하거나 내 의견을 솔직하게 말할 수 있는 순간들도 찾아올 거예요.

관계는 단거리가 아니라 마라톤에 가깝습니다. 당장 달려가서 부탁을 수락하는 대신, 숨을 고르며 거절도 해보고 대안도 제시하면서 페이스를 맞추는 게 중요해요.

ADHD를 가진 우리는 타인의 마음을 섬세하게 읽고 관계를 살리는 재능을 지니고 있습니다. 그러나 모두를 실망시키지 않는 건 애초에 불가능해요. 이제 그 재능을 스스로를 위해 써보는 건 어떨까요? 두 박자 멈추고, 여러분 자신의 편이 되어주세요.

좋은 사람이 되려다 무리하는 순간이 있어요. 결국 나를 소모하고 돌아오는 길에 혼자 후회하는 날들요. 그러나 나와 상대의 에너지를 함께 지키는 선택도 분명 있을 거예요. 두 박자 멈춤, 오늘부터 작은 습관으로 시작해볼까요?

EPILOGUE

ADHD로 살아간다는 건

 책을 쓰기로 마음먹은 후, 계속 놓치지 않고 전하고 싶은 말이 있었습니다. "산만한 우리, 그동안 잘 살아냈습니다."
 하지만 정작 글을 쓰는 내내 마음속에 떠올랐던 건 '이 이야기가 정말 도움이 될까?', '나 같은 사람이 뭔가를 말할 자격이 있을까?' 하는 의문이었습니다.

 불안 속에서 글을 써 내려가며 조금은 알게 되었습니다. 동병상련이라고 하잖아요. 저는 여러모로 부족한 정신과 의사일지도 모르지만, ADHD 당사자로서 제가 전할 수 있는 이야기가 분명히 있을 거라고요.

ADHD로 살아가다보면
조금 더 자주 잊고,
조금 더 자주 실수하고,
가끔은 너무 빠르게 번뜩이다가
또 어떤 날엔 너무 느려지기도 합니다.
그리고 그 모든 날들을 지나며 우리는 각자 자기만의 방식으로 살아가는 법을 터득하게 됩니다.
덜 매끄럽고, 더 정신없지만 충분히 괜찮게요.

책을 다 읽은 지금, 여러분도 '나만 그런 게 아니었구나' 하고 조금은 가벼워진 마음이라면 좋겠습니다. 조금 덜 자책하고, 조금 더 자신에게 다정해질 수 있다면 더할 나위 없고요.

사실 이 책을 쓰는 동안에도 저는 한 문장을 다 쓰기도 전에 갑자기 냉장고를 열러 가고, 인터넷 창을 켜고, '원고 마감일'이라는 달력 표시일에 진심으로 알레르기 반응을 보이곤 했습니다. 하지만 그 와중에도 멈추지 않고 쓸 수 있었던 건, 이 글을 필요로 할 누군가를 떠올렸기 때문입니다. 진료실 너머 어딘가에 앉아 있을, 저와 비슷하게 하루를 버텨내고 있을 산만한 분들을요.

 아! 이 책의 독자가 저와 비슷한 분들이라 생각하니, 여기까지 책을 읽으셨다는 것만으로도 대단하다고 말씀드리고 싶습니다. 서툰 점이 많았을 텐데 제 책을 끝까지 따라와주시다니… 정말 감사합니다. 분주한 하루 속에서 책도 끝까지 읽어내시고, 정신없었을 하루를 잘 살아낸 여러분께 진심으로 박수를 보냅니다. 제 이야기가 여러분의 삶에서 문득 어려울 때 떠오르는 작은 힌트 한 줄이 되어준다면, 그걸로 저는 만족합니다.

 그리고 혹시 지금 후대폰이 안 보인다면, 아마 무음 상태로 이불 속 어딘가에 있을 가능성이 큽니다. 그냥 그렇더라고요.
 읽어주셔서 감사합니다.

먼저 읽어본 ADHD인의 한마디

노현재 선생님은 제 정신 건강 주치의이자, 동시에 가장 친한 친구이기도 합니다. 제가 ADHD임을 알게 된 날이 바로 노현재 선생님의 환자로 데뷔한 2년 전이었죠. 그 전까지 저는 정신과에 대한 편견이 있었습니다. 선생님과 함께 테니스를 칠 때면 "ADHD 약을 안 먹고 와서 공이 잘 안 쳐진다"고 투정에 친구로서 놀리기 바빴습니다. 그런데 어느 날, 그의 아픔을 놀리지 않고 자세히 듣고 싶어졌습니다. "어? 나도 그런데?"라고 말하는 스스로를 발견했습니다. 낄낄 웃기도 하고 서로에게 애잔함을 느끼기도 한 어느 저녁, 두 ADHD인의 대화였답니다.

이 책은 마치 그날의 대화처럼 느껴집니다. ADHD로 살아오면서 어떤 경험을 했는지, 언제 처음 알게 되었는지, 생활을 개선하고자 어떤 노력을 해나가고, 그로 인해 어떻게 삶이 변해가고 있는지. 밤새도록 이야기해도 지루하지 않은, 즐겁고 따뜻한 대화가 이 책 속에 있었습니다.

의사가 쓴 글이라 지루하고 어려울 거라 생각하면 오산입니다. 마치 인터넷 커뮤니티의 글을 읽는 것처럼 글쓴이에게 공감하며 킥킥대고, 때로는 눈물을 찔끔하는 경험을 하게 될 것입니다. 이 책에는 '우리'들의 좌충우돌 삶에 대한 이야기가 담겨 있거든요. 그리고 '우리'들의 더 나은 삶을 위한 이야기까지지요.

- 성진

책을 읽는 내내 마음 한쪽이 따뜻해지는… 곁에서 위로받는 것 같은 경험을 했습니다. 노현재 선생님은 '정신과 의사'라는 이름보다, '먼저 같은 고민을 겪어온 사람'으로 저에게 다가왔습니다. 그래서인지 글을 따라가다보면 위로를 받는 동시에 묘한 용기가 생겨납니다. 산만함이라는 이름 뒤에 숨겨진 불안과 좌절이, 그리고 또다시 일어서는 순간들이 이렇게 섬세하고 따뜻하게 기록될 수 있구나 싶었습니다. 이 책은 단순히 정보나 조언만을 건네는 책이 아니라, 내 마음을 옆에서 조용히 잡아주는 손 같은 책입니다. 읽고 나면 '나도 괜찮다, 충분히 잘 살아가고 있다'는 말을 선물처럼 얻게 됩니다. 오랫동안 곁에 두고 다시 펼쳐보고 싶은 책입니다.

- 예원

진료실에서 늘 느끼던 선생님의 따뜻한 위로와 이해가 책 속에도 고스란히 담겨 있었습니다. 노현재 선생님은 ADHD 때문에 자책하고 불안해하던 저를 언제나 있는 그대로 받아들여 주셨는데, 책을 읽으며 선생님의 그 시선이 얼마나 깊고 감사한 것이었는지 다시 느낄 수 있었습니다. 특히 선생님의 경험담이 곳곳에 담겨 있어 재미있게 읽을 수 있었어요. 전문적인 설명과 함께 환자를 향한 따뜻한 공감까지 담겨 있어, 지식이 아니라 마음으로 다가오는 문장들도 많았습니다. 이 책은 '나도 괜찮다'는 확신을 다시 선물해주었고, 비슷한 고민을 가진 많은 이들에게도 분명 큰 힘이 되어줄 것이라 믿습니다.

- 수연

ADHD인을 위한

행동 점검 마인드맵

문제 상황

현재의 나

원인 　　　　　해결 전략

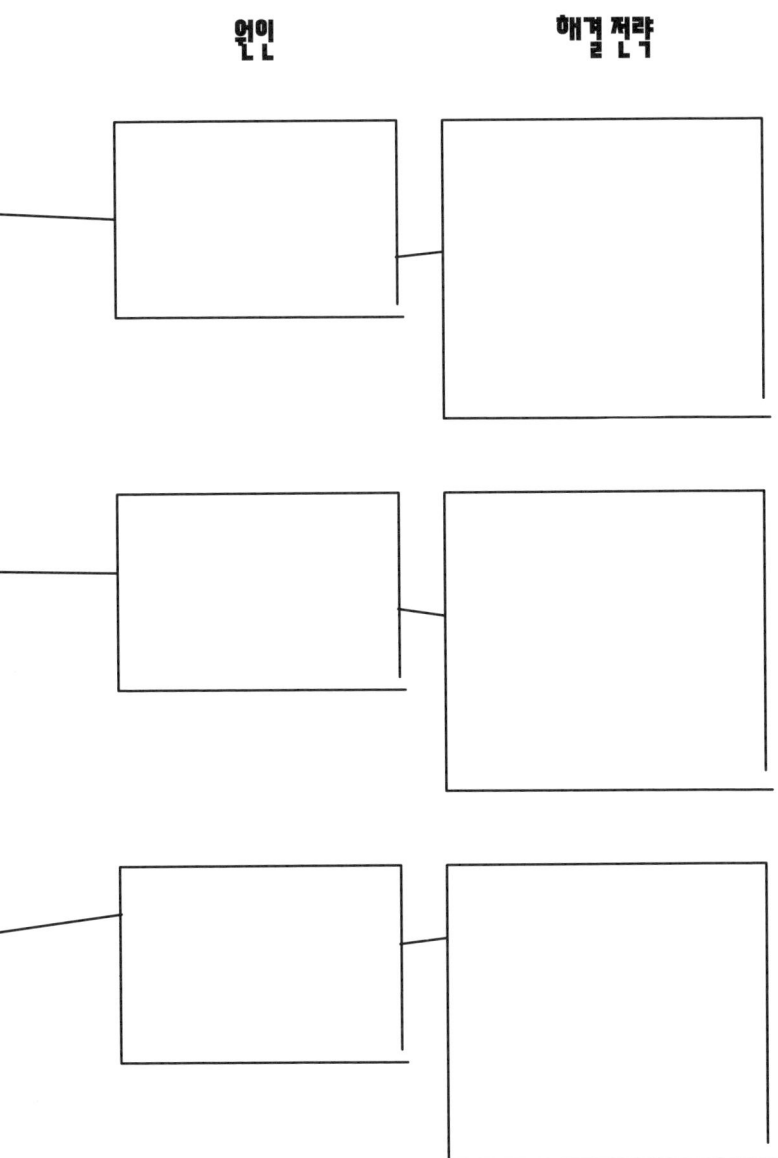

문제 상황

자꾸 일을 벌여서 일정이 엉망이 된다

현재의 나

습관적으로 할 일을 미룬다

인간관계에서 과하게 눈치를 보고 거절을 못한다

원인   해결 전략

원인
1. 즉각적인 자극에 대한 끌림
2. 일의 우선순위를 놓침
3. 기존 일이 지루해져 회피

해결 전략
1. 우선순위가 높은 일에 집중
2. 새로운 일은 바로 들어가기보다 대기함에 넣어두고 나중에 다시 검토
3. 시작이 아니라 마무리가 중요함을 잊지 않기

원인
1. 일이 주는 불편함을 받아들이지 못함
2. 시간에 여유가 있다고 합리화

해결 전략
1. 10분 rule 혹은 한 줄 적기 전략
2. 하고 싶은 마음이 들 수는 없음을 인정하고 그냥 하기 (하기 싫은 게 당연하다!)

원인
1. 거절하면 불편한 상황이 발생할 것이라 생각하며 회피성 수락
2. 즉각적인 인정을 받으려는 욕구
3. 타인에 대한 공감 과잉

해결 전략
1. 지키지 못할 약속은 상황을 악화시킴을 인지
2. 나도 불편해진다는 것을 생각하기
3. 거절은 공격이 아니라는 것을 이해하고, 극단적으로 거절하거나 수용하지 않고도 대처 가능함을 받아들이기
※ 잠수는 해답이 아님

마인드맵 작성 가이드

마인드맵은 매일 조금씩 자신을 이해하고, 작은 시도를 계속하기 위한 도구입니다. 꾸준히 하다보면 '생각은 많지만 실행은 안되던' 내 모습이 점점 정리되고 변화가 시작됩니다.

1. 왜 정리가 필요할까요?

- ADHD는 생각은 많고 해야 할 일은 많은데, 막상 뭐부터 해야 할지 몰라서 손을 못 대는 경우가 많습니다.
- 마인드맵은 머릿속의 복잡한 생각을 외부로 꺼내어 시각화하고, 문제와 해결을 짝지을 수 있게 도와줍니다.
- 복잡한 생각을 단순한 구조로 정리하면 실행력이 살아납니다.
- 실행에 실패해도 괜찮습니다. 실패로 인해 내게 맞지 않는 방식을 찾을 수 있습니다. 잘된 것만 유지하면 됩니다.

2. 마인드맵, 이렇게 시작해보세요

Step 1. 마인드맵 초안 만들기
- 타이머 10분을 설정하고 시작합니다. 10분이 넘어도 되지만, 처음부터 너무 완벽하게 만들려고 하지 말아요!
- 가장 먼저 '현재의 나'에서 가지를 뻗어 일상 생활에서 불편하거나 어려운 점을 적습니다. (예: 자꾸 미룸, 감정 기복, 집중 안됨.)
- 각 문제 옆에, 왜 이런 일이 발생하는지 한 줄로 써봅니다. (예: 중요도 판단이 어려움.)
- 그 옆에 지금 시도해볼 수 있는 해결 전략을 한 줄로 적습니다.
- 필요하다면 '절대 해선 안 될 행동'도 추가로 적어보세요.

Step 2. 매일 한 가지만 실천하기
- 마인드맵을 보고 오늘 꼭 지켜야 할 항목 하나만 정해봅니다.
- 여러 개 애쓰지 마세요. ADHD 뇌는 하나의 대상에 집중해야 덜 지칩니다.
- 막히면 마인드맵을 다시 보고, 이유와 전략을 다시 떠올려보세요.

Step 3. 주말에 정리하기
- 잘된 전략은 그대로 두고, 안된 전략은 왜 안됐는지 다시 적어봅니다.
- 새 아이디어나 조정 전략을 붙여서 업데이트합니다.
- 마무리 후 스스로에게 작은 보상(좋아하는 커피, 영상 등)을 주세요.
- 새롭게 떠오른 문제가 있다면 마인드맵에 새 가지로 추가해보세요.

3. 주의 사항과 활용 팁

- 예쁘고 완벽하게 완성하려 하지 마세요. 마인드맵은 실행 도구이지 작품이 아닙니다.
- 욕심낼 필요 없어요. 하루에 딱 하나만 지켜도 충분합니다.
- 실패는 망한 게 아닙니다. 실패는 내 방식에 뭔가 안 맞는다는 '신호'일 뿐입니다.
- 피드백도 적극 활용해보세요. 담당의나 가족, 친구에게 마인드맵을 보여주고 조언을 받아보세요. 문제의 뿌리나 해결 전략을 더 구체화할 수 있습니다.

TIP. 막힐 땐 이렇게 해보세요.

상황	대처 방법
너무 복잡해서 보기 싫어요. →	형광펜으로 Top 3만 강조하기.
적는 게 귀찮고 지겨워졌어요. →	색펜, 스티커 등으로 분위기 환기시키기.
실천하기를 계속 잊어버려요. →	캘린더에 알람을 하루 두 번 설정하기.

ADHD 진단받은 정신과 의사의 산만한 뇌 사용법

아 맞다, 나 ADHD였지?

초판 발행 ㄴ 2025년 10월 31일

지은이 ㄴ 노현재
발행인 ㄴ 이종원
발행처 ㄴ ㈜도서출판 길벗
브랜드 ㄴ 리드앤두 READ ↙ DO
출판사 등록일 ㄴ 1990년 12월 24일
주소 ㄴ 서울시 마포구 월드컵로 10길 56(서교동)
대표전화 ㄴ 02)332-0931 | 팩스 ㄴ 02)323-0586
홈페이지 ㄴ www.readndo.co.kr | 이메일 ㄴ hello@readndo.co.kr

리드앤두 ㄴ 김민기, 이정, 연정모
제작 ㄴ 이준호, 손일순, 이진혁 | 유통혁신 ㄴ 한준희
영업관리 ㄴ 김명자, 심선숙 | 독자지원 ㄴ 윤정아

디자인 ㄴ 스튜디오 고민 | 전산편집 ㄴ 김정미 | 교정교열 ㄴ 이화령 | 인쇄 및 제본 ㄴ 정민

- 리드앤두는 읽고 실행하는 두어들을 위한 ㈜도서출판 길벗의 출판 브랜드입니다.
- 이 책은 저작권법의 보호를 받는 저작물로 이 책에 실린 모든 내용, 디자인, 이미지, 편집 구성은 허락 없이 복제하거나 다른 매체에 옮겨 실을 수 없습니다.
- 인공지능(AI) 기술 또는 시스템을 훈련하기 위해 이 책의 전체 내용은 물론 일부 문장도 사용하는 것을 금지합니다.
- 잘못 만든 책은 구입한 서점에서 바꿔 드립니다.

ⓒ 노현재, 2025

ISBN 979-11-407-1603-6 (03180)
(길벗 도서번호 700009)

정가 17,700원

독자의 1초를 아껴주는 정성 길벗출판사

(주)도서출판 길벗 | IT교육서, IT단행본, 경제경영, 교양, 성인어학, 자녀교육, 취미실용 www.gilbut.co.kr
길벗스쿨 | 국어학습, 수학학습, 어린이교양, 주니어 어학학습, 학습단행본 www.gilbutschool.co.kr